Ant.º Gaudí

Maria Antonietta Crippa

Antoni Gaudí

1852–1926

Von der Natur zur Baukunst

TASCHEN

HONG KONG KÖLN LONDON LOS ANGELES MADRID PARIS TOKYO

Abbildung Seite 2 ▸ Der junge Antoni Gaudí
Abbildung Seite 4 ▸ Gaudís Skizze der sechseckigen Kacheln, die für den Bürgersteig vor der Casa Milà und als Fußboden in einigen Räumen verwendet wurden.

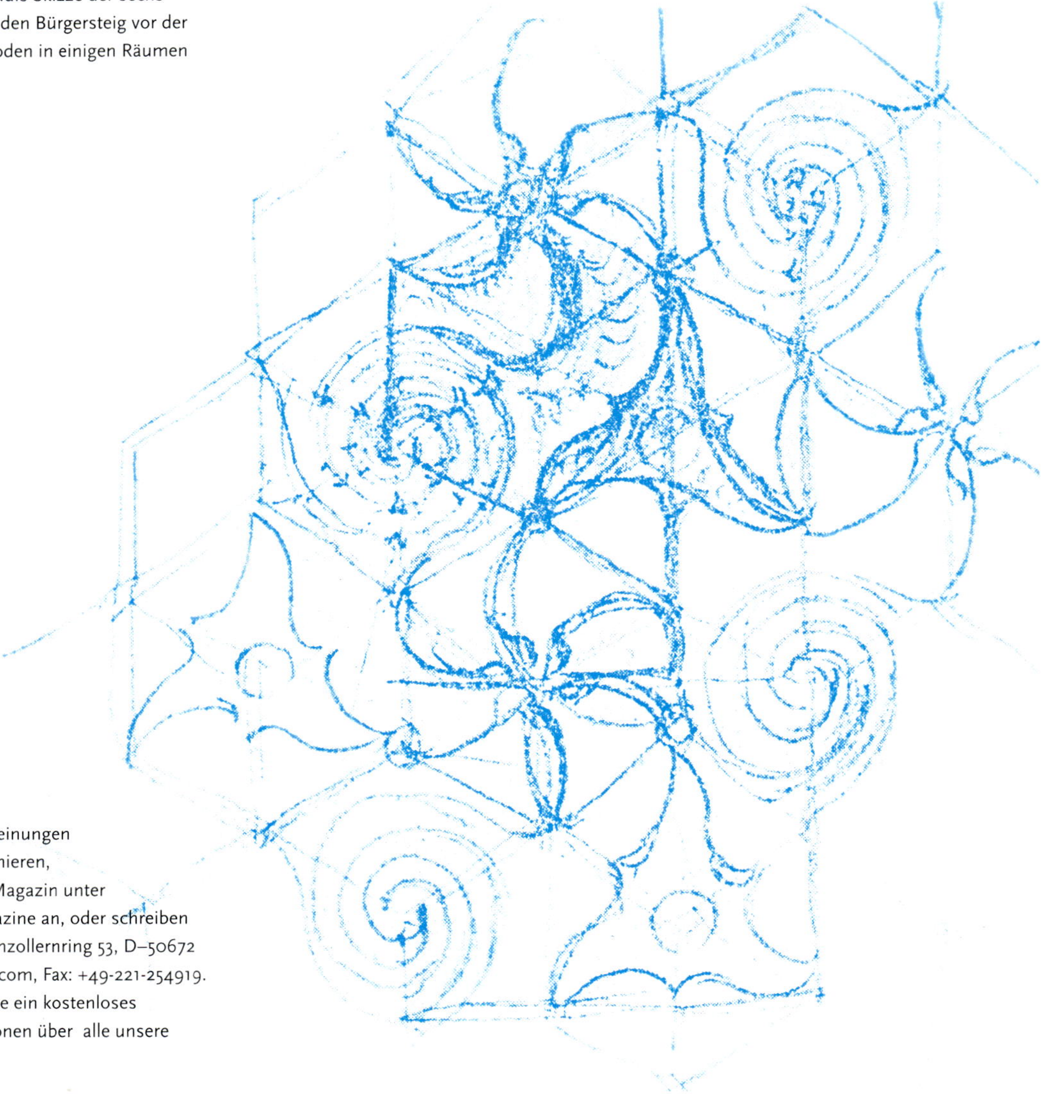

Hohenzollernring 53, D-50672 Köln
www.taschen.com

Herausgeber ▸ Peter Gössel, Bremen
Projektmanager ▸ Swantje Schmidt, Bremen
Gestaltung ▸ Gössel und Partner, Bremen
Lektorat ▸ Susanne Klinkhamels, Christiane Blass, Köln
Übersetzung ▸ Daniele Dell'Agli, Berlin

Printed in Germany
ISBN 978-3-8228-2442-9

Inhalt

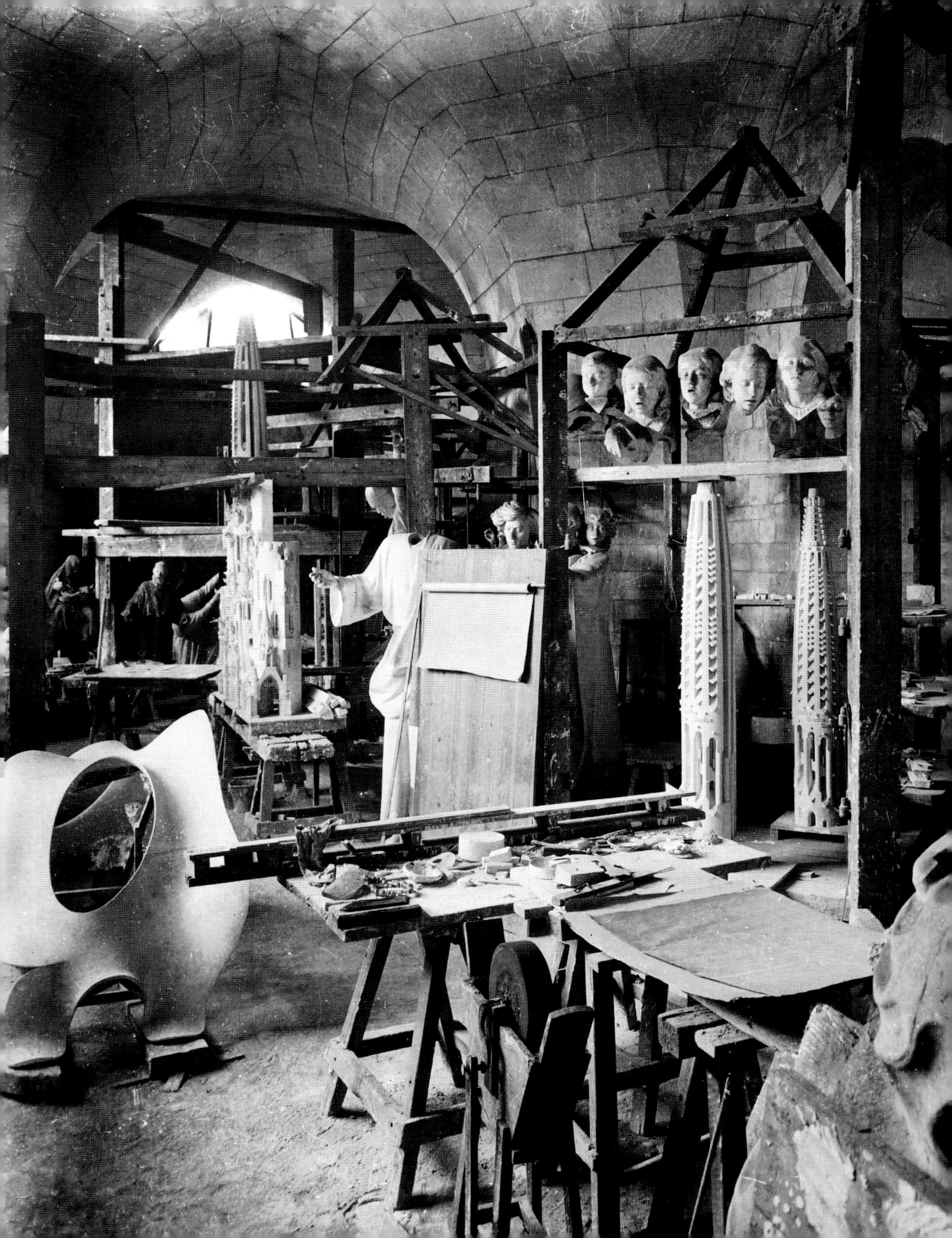

Einleitung

Definitive Version des Gipsmodells der Sagrada Família, rekonstruiert aus Fragmenten, die bei dem Brand 1936 nicht zerstört wurden

Linke Seite:
Gaudís Werkstatt neben der Baustelle der Sagrada Família, mit Modellen von einzelnen Teilen der Kirche in unterschiedlichem Maßstab

Als Antoni Gaudí 1852 in Reus bei Barcelona geboren wurde, befand sich Katalonien in einer Phase des gesellschaftlichen Umbruchs. Die industrielle Revolution veränderte die althergebrachten sozialen Strukturen ebenso wie die stadträumlichen Bezüge. Denn die von der bürgerlichen Klasse vorangetriebenen neuen Produktionsweisen hatten zur Folge, dass die Städte rasant wuchsen und neue Baumodelle für Wohnviertel und Geschäftszentren notwendig wurden. Außerdem brachte der Dampfantrieb die Eisenbahn und beschleunigte die Schifffahrt – die traditionelle ländliche Kultur löste sich auf. Im Vergleich zu anderen Gebieten Westeuropas und zu Nordamerika hinkte Katalonien zwar der allgemeinen Entwicklung hinterher, war aber auf der Iberischen Halbinsel führend. Die bäuerlichen Familienstrukturen blieben noch lange davon unberührt; doch das Verhältnis zwischen den verschiedenen sozialen Schichten nahm alsbald eine Dynamik an, die in krassen Gegensatz zur langsamen Bürokratie der damals noch nicht sehr großen Hauptstadt Madrid geriet.

1851, also ein Jahr vor Gaudís Geburt, wurde in London die erste Weltausstellung eröffnet. Sie fand in einem eigens dafür aus Fertigbauteilen errichteten gläsernen Gebäude statt, das aus diesem Grund Kristallpalast genannt wurde. In dem von Joseph Paxton entworfenen Gebäude aus Glas und Gusseisen konkurrierten die fortschrittlichsten Technologien der Zeit miteinander. Darüber hinaus wurden die raffiniertesten Produkte des Handwerks aus unterschiedlichen Erdteilen, einschließlich der Kolonien, ausgestellt, wobei die Präsentation das handwerkliche Angebot gegenüber dem industriellen benachteiligte.

Schon jetzt ließ sich eine wachsende Begeisterung für die maschinelle und serienmäßige Produktion von Alltagsgegenständen beobachten. Der Fortschritt und seine Segnungen wurden allerdings nicht einhellig befürwortet. Es gab erbitterten Widerstand im Namen der Kunst und des Handwerks, das einen über Jahrhunderte gewachsenen Reichtum an menschlicher Erfahrung und technischem Wissen verkörperte.

Die traditionellen Lebensformen lösten sich damals unter dem Druck der Innovationen und des euphorischen, wenngleich nicht immer vernünftigen Gebrauchs der neuen Produktionsmittel viel zu schnell auf. Nichtsdestotrotz prallten Erneuerer und Traditionalisten um die Mitte des 19. Jahrhunderts auf allen Gebieten, nicht selten gewaltsam und mit scharfer Polemik, aufeinander. Zeitgleich wurden in nur wenigen Jahren viele Bauern und Handwerker zu Arbeitern. Sie wurden von ihrer Arbeitsweise entfremdet und mussten obendrein zu einem Hungerlohn schuften. Das blieb nicht ohne Einfluss auf ihre kulturellen Gewohnheiten und ihre religiösen und moralischen Werte. Die geschlossene und sozial stabile, überwiegend bäuerliche Gesellschaft wurde zunehmend durch eine dynamische, offene und fortschrittliche ersetzt.

In diesem Kontext blieben auch die Künstler nicht von den soziokulturellen Turbulenzen des Strukturwandels verschont. Bereits gegen Ende des 19. Jahrhunderts kündigte sich die Epoche der künstlerischen Avantgarden an, die den Kanon traditioneller Themen, Techniken und Darstellungsformen erschüttern sollten. Dieser Prozess wurde durch die Erfindung der Fotografie und der bewegten Bilder begünstigt: Vielfach reproduzierbar waren diese Kunstformen einer neuen Welt in der Lage, mit ihren spektakulären Mitteln große Menschenmengen unmittelbar und wirkungsvoll zu erreichen. Maler schlossen sich zu Bruderschaften wie der von Dante Gabriel Rossetti gegründeten Bruderschaft der Präraffaeliten zusammen. In der Architektur wandte man sich dem Erhalt beziehungsweise der Restauration mittelalterlicher Kathedralen zu; darüber hinaus wurden die Grundlagen für neue Bauvorhaben, die sich in dieser Zeit durch einen allgemeinen Eklektizismus auszeichneten, einer moralischen Prüfung unterzogen.

Entwurf des jungen Gaudí für eine große Eingangshalle oder die Aula der Universität; Aquarell, datiert 22. Oktober 1877

In seinem 1849 erschienenen Buch „Die sieben Leuchter der Baukunst" forderte der englische Kritiker John Ruskin seine Zeitgenossen auf, gegen den Verlust der menschlichen Werte sowie den Verfall der Ästhetik und die Verschlechterung der Wohnverhältnisse infolge der viel zu schnellen Verstädterung eines großen Teils der Landbevölkerung Widerstand zu leisten. 1854 erschien das „Dictionnaire raisonné de l'architecture française du XIe au XVIe siècle" des Architekten und Historikers Eugène-Emmanuel Viollet-le-Duc, ein enzyklopädisches Werk, in dem der Autor keinen Hehl aus seiner Faszination für den konstruktiven Wagemut und die Experimentierfreude der Kathedralenerbauer machte. Die Schriften Ruskins und Viollet-le-Ducs fanden sofort große Verbreitung in Europa und den Vereinigten Staaten. Sie wurden zum Vademekum für junge Architekten und für all jene Baumeister, die aufgerufen waren, Lösungen für die neuen urbanen Herausforderungen und Wohnbedürfnisse zu finden.

Im Lärm heftiger nationalpolitischer Auseinandersetzungen reifte in Katalonien das Interesse an einer raschen Profilierung der kulturellen Besonderheiten einer katalanischen Identität mit dem Ziel, regional und politisch weitgehend unabhängig von Madrid zu werden. Vorangetrieben wurden diese Autonomiebestrebungen von prominenten Persönlichkeiten aus verschiedenen gesellschaftlichen Bereichen: von Politikern, Unternehmern, Intellektuellen und Vertretern der katholischen Obrigkeit. Für junge Berufstätige bedeutete diese Situation die einmalige Chance, an der historischen und kulturellen Selbstfindung ihres Landes mitzuarbeiten.

Barcelona befand sich bereits mitten in den industriellen und sozialen Umwälzungsprozessen samt den oben angedeuteten kulturellen und künstlerischen Debatten, als der junge Antoni Gaudí 1869 seinen Bruder Francesc, der ein Medizinstudium aufnehmen wollte, in die Stadt begleitete. Im September dieses Jahres wurde Spanien von schweren sozialistischen und republikanischen Revolten erschüttert, die zum Fall des Königreichs von Isabella II. führten. Um sich persönlich um seine beiden Söhne zu kümmern, für deren Studium er unter anderem einige Grundstücke aus dem Familienbesitz verkauft hatte, zog der Vater nach Barcelona. Die Gaudís stammten aus dem benachbarten Reus, einer kleinen Stadt im Hinterland mit einer durchaus lebendigen lokalen Kultur. Der Vater war wie seine Eltern und die seiner Frau Kesselschmied. Antoni hatte sich während seiner Kindheit und Jugend oft in der väterlichen Werkstatt aufgehalten und die robusten Fassungen der Töpfe sowie die zarten Formen der Destillierkolben bewundert, die dort hergestellt wurden. Die plastische Bearbeitung dieser Gegenstände regte seine Fantasie an und schärfte schon früh eine ungewöhnliche Wahrnehmung und Vorstellungskraft von Dreidimensionalität. Sein nachdenkliches Temperament, das durch seine rheumatischen Erkrankungen in jungen Jahren zusätzlich gefördert wurde, machte ihn zu einem scharfsinnigen Beobachter der Natur, ihres Formenreichtums an Bäumen, Blumen und Tieren. Sein Interesse für das Zeichnen und die Architektur zeigte sich schon während seiner Schulzeit.

Um die 1870 eingerichtete und 1875 offiziell anerkannte staatliche Architekturschule besuchen zu können, schrieb sich der junge Gaudí für die propädeutischen Kurse an der naturwissenschaftlichen Fakultät in Barcelona ein. Im Jahr 1873, als er sein Architekturstudium begann, wurde in Madrid die erste Republik ausgerufen, ein Zwischenspiel, das bereits 1874 durch einen Staatsstreich des Generals Pavía und die Wiederherstellung der Monarchie ein Ende fand. 1878 erhielten die ersten zehn katalanischen Architekten ihr Diplom, im darauf folgenden Jahr weitere vier, darunter auch Antoni Gaudí. Nachdem die Stadtmauern 1854 geschliffen worden waren, wurde Barcelona seit 1859 im Rahmen eines Stadterweiterungsplans des Ingenieurs Ildefons Cerdà – des so genannten Eixample – umstrukturiert. Sein 1860 in Kraft getretener, moderner Bebauungsplan stand im Zeichen eines rationalen, gleichmäßigen und effizienten Wachstums der Stadt. Sie sollte sich ohne genau definierte Grenzen nach dem Muster eines Schachbretts ausbreiten, dessen Regelung sich auf Studien zur demographischen Entwicklung, zum Verkehrsaufkommen und zur primären und sekundären Infrastruktur stützen sollte.

Die jungen Architekten waren in technisch-wissenschaftlichen Disziplinen ebenso ausgebildet wie in den künstlerischen, historischen und archäologischen, woraus sich ein neues Berufsbild für sie ergab. Sie mussten sich sowohl gegenüber den „maestros de obras“, den Bauleitern, als auch den Architekten, die an den Hochschulen für Schöne Künste ausgebildet worden waren, profilieren. Man erwartete von ihnen einen konkreten Beitrag zur wieder erwachten katalanischen Identität, indem sie Kirchen, Klöster und antike Paläste restaurierten und die rasante Stadterweiterung durch die Errichtung repräsentativer öffentlicher Bauten im Monumentalstil aufwerteten. Davon legen die Entwürfe des Studenten Gaudí Zeugnis ab: ein Landungssteg, ein riesiger Brunnen für die Plaça de Catalunya in Barcelona, eine Aula für die Universität.

Gusseiserner Kandelaber mit sechs Laternen auf der Plaça Reial von Barcelona, nach einem Entwurf von Gaudí (1878–1879)

Während seiner Ausbildung erlebte der junge Gaudí auch das Interesse der gebildeten Barceloneser für Frankreich. Sie bewunderten die unangefochtene künstlerische Vorreiterstellung von Paris nicht weniger als den starken Hang der Franzosen zur Rationalität. Doch man war in Barcelona auch durchaus offen für Einflüsse aus Übersee, insbesondere vom amerikanischen Kontinent, wohin die spanische Krone die Barceloneser erst seit dem Ende des 18. Jahrhunderts emigrieren ließ. Inzwischen kehrten einige Emigranten mit erheblichen Reichtümern aus Kuba nach Katalonien zurück und brachten auch etwas von der kubanischen Vitalität mit, von der sie sich hatten anstecken lassen. „Paris ist ihr bewusstes Ideal, Havanna ihr unbewusstes Vorbild“, schrieb Eduardo Mendoza.

Die komplexe Modernisierung Barcelonas erfolgte mithin unter dem Eindruck von Vorbildern, die für Dynamik, fröhliche Lebensbejahung und künstlerische Sensibilität standen und das Bewusstsein verstärkten, über kulturelle Eigenheiten im Verhältnis zu Madrid zu verfügen. Aus der Verschmelzung der beiden Kulturen gingen in der zweiten Hälfte des 19. Jahrhunderts Unternehmer hervor, die einige nationale Märkte monopolisierten – dynamische und gebildete Persönlichkeiten, die nicht selten auch von mäzenatischem Geist durchdrungen waren. Der bedeutendste unter ihnen, Eusebi Güell i Bacigalupi, begegnete Gaudí zu Beginn seiner Karriere. Als die Weltausstellung von 1888 Barcelona ins Licht der Weltöffentlichkeit setzte, teilten Güell und Gaudí die gleichen politischen und sozialen Ideale.

1888 wurde der Palau Güell im Herzen der Altstadt Barcelonas feierlich eingeweiht. Gaudí war mittlerweile in großbürgerlichen Kreisen anerkannt und konnte sich über

Aufträge nicht beklagen. Seit 1883 leitete er außerdem die Baustelle der Sagrada Família und stand mit den wichtigsten kirchlichen Würdenträgern Spaniens in Verbindung. Hatten ihn sein Sinn für soziale Gerechtigkeit und seine Herkunft aus bescheidenen Verhältnissen zu Anfang der Laufbahn noch für genossenschaftliche Projekte im Arbeitermilieu eingenommen, so verwickelte ihn seine Beziehung zu Eusebi Güell in ein persönliches und berufliches Abenteuer, an dessen Ende die Bejahung seiner katalanischen Identität, ihrer Tradition und ihrer Modernität stehen sollte.

Über das Privatleben des Architekten ist wenig bekannt, die biografischen Überlieferungen decken sich fast vollständig mit seiner Arbeit als Architekt. Bemerkenswert scheint einzig eine Krisensituation, oder vielleicht auch ein Moment religiöser Erweckung, im Jahr 1893, als er 41-jährig die Bußrituale der Fastenzeit so radikal ausübte, dass sein Leben ernsthaft in Gefahr geriet.

Gaudí erläutert Monseñor Ragonesi, Gesandter des Papstes, und Monseñor Roig, Bischof von Barcelona, die Arbeiten an der Kirche der Sagrada Família. Fotografie, 1915

Nach Abschluss des Studiums eröffnete der junge Architekt ein eigenes Büro an der Plaça de Sant Jaume in Barcelona. Den ersten wichtigen Auftrag erhielt er von der Cooperativa La Obrera Mataronense, der Genossenschaft für die Textilproduktion: Gaudí sollte die erste spanische Fabrik, die im Besitz der Belegschaft war, errichten. Als wichtig für seine weitere Laufbahn erwies sich die Einrichtung einer Apotheke am Passeig de Gràcia für Joan Gibert i Saler, einen Verwandten der Familie Güell, weil das Projekt die Aufmerksamkeit der Bourgeoisie Barcelonas auf sich zog. Wegen seines Geschicks im Entwerfen wurde er für die Innenausstattung von Kirchen und Klosterkapellen beauftragt und alsbald auch von der Gemeindeverwaltung engagiert. 1880 entwarf er zusammen mit dem befreundeten Ingenieur José Sarramalera monumentale Straßenlaternen für die Promenade entlang der Muralla de Mar in Barcelona.

Da ihn die Aufträge nicht vollständig beanspruchten, arbeitete er außerdem mit einem seiner Professoren, Joan Martorell i Montells, zusammen. Für ihn entwarf er 1882 die Kirche des Klosters zum Heiligen Geist in Cuevas de Almanzora (Almería) im neugotischen Stil sowie zwei weitere Kirchen, jeweils für den Orden der Salesianer und für den der Jesuiten in Barcelona. Aus seiner Hand stammte auch der nicht ausgeführte neugotische Entwurf für die Kathedrale von Barcelona. Im selben Jahr entstand auch der Entwurf für einen Jagdpavillon in El Garraf an der Mittelmeerküste für den Grafen Eusebi Güell. Der Graf hatte sein Talent anlässlich der Pariser Weltausstellung von 1878, wo Gaudí eine Vitrine für Lederwaren eingerichtet hatte, erkannt.

1883, lediglich fünf Jahre nach dem Diplom, konnte Gaudí bereits drei bedeutende Aufträge verbuchen, womit er zu den erfolgreichsten katalanischen Architekten seiner Zeit gehörte. In diesem Jahr begannen die Arbeiten an zwei herrschaftlichen Wohnsitzen, der Casa Vicens in Barcelona und der Villa El Capricho in Comillas (Santander). Außerdem wurde Gaudí zum Chefarchitekten auf der Baustelle der Sagrada Família ernannt. Bei dem ein Jahr zuvor begonnenen Sakralbau handelte es sich um einen Sühnetempel der Associació Josefina o Associació Espiritual de Devots de Sant Josep, die zur Verbreitung der katholischen Sozialtheorien in der katalanischen Arbeitswelt gegründet worden war, nachdem man den heiligen Joseph während des I. Vatikanischen Konzils 1869/1870 zum Schutzheiligen der Katholischen Kirche ernannt hatte. Die Initiative ging auf den Verleger Josep Maria Bocabella zurück, der ein großes Gelände an der Peripherie der katalanischen Hauptstadt gekauft und eine Planungsgruppe – la Junta Constructora del Temple – zu deren Realisierung ins Leben gerufen hatte.
Der Architekt Francesc de Paula Villar i Lozano, Leiter der Escola Provincial d'Arquitectura und Mitglied der Acadèmia de Belles Artes, hatte seinen ambitionierten neu-

gotischen Entwurf der Kirche unentgeltlich angeboten. Infolge heftiger Meinungsverschiedenheiten mit Martorell, der dem Planungsausschuss angehörte, hatte er jedoch seine Mitarbeit gekündigt. Martorell schlug daraufhin vor, den erst 31-jährigen Gaudí an dem Vorhaben zu beteiligen. Der Auftrag wurde am 3. November 1883 erteilt, im April 1884 signierte Gaudí bereits eine erste Bauzeichnung. Nach den Absichten des Förderkreises, die bis heute respektiert werden, durfte der Bau der Kirche ausschließlich mit Geldspenden an die Associació Josefina finanziert werden. Da die Zuwendungen anfangs spärlich flossen, war Gaudí zunächst gezwungen, die Arbeiten nach den Plänen Villars fortzuführen. In der Zwischenzeit vertraute Eusebi Güell ihm 1883 den Ausbau seines Landguts an. Seine Ergänzungen und Umbauten ließen die Finca Güell, berühmt vor allem wegen des schmiedeeisernen Drachentors, zu einer Metapher für den Garten der Hesperiden werden, den der katalanische Priester Jacint Verdaguer in seinem Versepos „L'Atlàntida" besingt.

Die bislang erwähnten Arbeiten des Architekten waren jenseits der damaligen Stadtgrenze Barcelonas angesiedelt. Das betraf auch das Col·legi de les Teresianes, ein halbfertiges Gebäude in der Nähe des Rathauses von Sant Gervasi, das Gaudí im Auftrag von Pater Enric d'Ossó i Cervelló, Begründer der Kongregation der heiligen Theresa von Avila, vollenden sollte. 1889–1893 leitete er die Baustelle des Bischöflichen Palasts in Astorga und 1891–1894 wurde die Casa Fernández y Andrés, auch Casa de los Botines genannt, in Léon errichtet.

Die ersten Auseinandersetzungen zwischen engagierten Fürsprechern und erzürnten Verleumdern der Architektur Gaudís fanden zwischen 1888 und 1890 anlässlich der Fertigstellung des Palau Güell statt. Bei der Weltausstellung 1888 in Barcelona richteten die der Renaixença verbundenen Architekten die Messepavillons ein und stellten ihre Entwürfe aus. Geleitet wurden die Arbeiten von Professor Elies Rogent, dem Dekan der Architekturschule. Gaudí erhielt vom Bürgermeister den Auftrag, den Saló de Cent des Rathauses umzugestalten, ein Projekt, das allerdings ohne Folgen blieb. In der Ausstellung war er dafür gleich doppelt vertreten, mit eigenen architektonischen Entwürfen in der Abteilung Kunst sowie in der Abteilung Seefahrt mit einem Pavillon für die Compañia Transatlántica im Auftrag des Marqués de Comillas.

1888 ging Gaudís expressive, überwiegend eklektische Phase zu Ende. Zu diesem Zeitpunkt deutete sich erstmals sein origineller Beitrag zum katalanischen Modernisme an, einer Variante jener Bewegung der letzten Jahrzehnte des 19. und des beginnenden 20. Jahrhunderts, die sich mit regional unterschiedlichen Akzenten aber übereinstimmenden ästhetischen Grundsätzen in ganz Europa als Art nouveau, Jugendstil, Stile floreale, Secessionsstil oder Modern Style ausbreitete.

Der Modernisme, der sich die Errungenschaften des Bürgertums und Großbürgertums, ihre Auffassungen von einem strebsamen Leben und vom repräsentativen Charakter öffentlicher Räume auf die Fahnen geschrieben hatte, fand in privaten und öffentlichen Bauten monumentalen Charakters sowie in überschwenglichen Formen und Farben seinen Ausdruck. Er trieb die Handwerkskunst in den Bereichen Keramik, Eisenschmiede und Kunsttischlerei zu neuer Blüte, mischte im Rahmen seines Historismus Stile der Vergangenheit und machte sich innovative technologische und konstruktive Kenntnisse zu Eigen. Unter seinen Protagonisten fanden sich viele Architekten, darunter Enric Sagnier (1858–1931), Josep Domènech i Estapà (1858–1917), Pere Falqués i Urpí (1850–1916), Bonaventura Bassegoda i Amigó (1862–1940), Cèsar Martinell i Brunet (1888–1973) und Josep Maria Jujol (1879–1949).

Von Gaudí angefertigter Notenständer oder Lesepult aus Schmiedeeisen für die Sagrada Família

Gaudí unterschied sich von seinen Architektenkollegen durch eine besondere Aufmerksamkeit für die Erscheinungsformen der Natur und die Bedeutung, die er der Geometrie als Mittel der Erkenntnis und als Werkzeug für die Entwurfsarbeit beimaß. Dies trug dazu bei, dass er sich absonderte, nur wenige intensive Freundschaften pflegte und sich von dem mondänen Leben abwandte, das ihn als junger Mann angezogen hatte und das er jetzt als Ablenkung empfand. In der Zeit zwischen 1890 und 1914 realisierte er jene Bauten und Gärten, die aus Sicht der Fachleute einhellig zu seinen Meisterwerken gehören: die noch leicht neobarocke Casa Calvet (1898–1900); die bunte und heitere Casa Batlló (1904–1906) sowie die plastisch-monolithische Casa Milà (1906–1910), beide am Passeig de Gràcia in Barcelona; die Villa Bellesguard (1900–1905) auf einem historisch bedeutsamen Gelände am Stadtrand; der Park Güell (1900–1914), als einzigartige Gartenstadt geplant, die bald im Sinne des Auftraggebers ein öffentlicher Park wurde; die Restrukturierung der Kathedrale von Palma de Mallorca (1903–1914); die Krypta der Kirche des Arbeiterdorfs Colònia Güell (1898–1915) in Santa Coloma de Cervelló und die Schulräume (1909) der Sagrada Família.

Im Laufe der Arbeit an diesen Projekten wie letztlich auch auf der ewigen Baustelle der Sagrada Família entwickelte sich Gaudís Modernisme immer mehr zu einer eigenen Formensprache, die auf einem organisch-naturalistischen Ansatz basierte, der in der zeitgenössischen europäischen Kultur seinesgleichen suchte. Form und Struktur der Architektur betreffend machte sich dieser Ansatz die Ausdrucksmöglichkeiten traditioneller katalanischer Bauweise zunutze, die Gaudí überdies Gelegenheit gab, in der Architektur bislang nicht verwendete, in der Natur jedoch reichlich vorkommende geometrische Formen zu studieren. Seine Entwürfe gingen immer von einem dreidimensionalen Modell aus Gips, Holz oder Schnüren mit Gewichten aus, Leinwände dienten der Darstellung der Oberflächen. Obwohl er der Zeichnung große Bedeutung beimaß, waren Modelle das wichtigste Instrument für die Ausarbeitung seiner Ideen, wie er seinen Schülern erklärte, weil er die Formen direkt im Raum dachte.

Während seiner gesamten beruflichen Tätigkeit widmete sich Gaudí mit dem ihm eigenen Forschergeist vor allem zwei Dingen. Zum einen vertiefte er sukzessive seine geometrischen Kenntnisse. In seiner Jugend hatte er in den ingenieurstechnischen und architektonischen Traktaten der Universitätsbibliothek die mechanischen Vorteile der Krümmung von Kettenlinien studiert, die bis dahin nur für den Bau von Hängebrücken verwendet worden war. Unter Missachtung jeder ästhetischen Konvention setzte Gaudí sie neben Ellipse und Hyperbel auf vielfältige Weise in seinen Bauten ein. Um das erwünschte Krümmungsprofil zu erzielen, neigen sich die Pfeiler bei seinen letzten Bauten sogar leicht.

Schon bald ging er von den flachen geometrischen Formen zu den räumlichen über; dazu faltete er das architektonische Modell nach Maßgabe räumlicher, von geraden Linien gebildeten Oberflächen, die von den Mathematikern Regelflächen genannt werden. Nach den ersten Versuchen nahmen seine Gebilde immer komplexere Formen an, nicht zuletzt deshalb, weil er Mittel fand, sie nach traditionellen, unaufwendigen und preiswerten Bauverfahren zu realisieren. Außerdem verwendete er herkömmliche Materialien, vor allem mörtelgebundene Ziegelsteine. Von den traditionellen Techniken, die Gaudí wieder in Gebrauch genommen hatte, ist die „bóveda tabicada“ besonders berühmt geworden, das heißt das Gewölbedach, das durch die Übereinanderschichtung besonders widerstandsfähiger und mit Kalkmörtel gebundener Fliesen entsteht.

Pförtnerhaus im Park Güell

Die Rolle als Leiter der Großbaustelle der Sagrada Família führte ihn dazu, alle künstlerischen und konstruktionstechnischen Aspekte der Kirchenarchitektur neu zu durchdenken. Doch je mehr er sich seiner Aufgabe widmete, desto größer wurde sein Desinteresse an der baldigen Vollendung. Anlässlich einer ökonomischen Krise, die ihn 1914 zwang, seine Arbeit zu unterbrechen, bat er sogar persönlich um Almosen zur Finanzierung des Bauwerks. Während seiner letzten Lebensjahre lehnte er alle anderen Aufträge ab und legte sich selbst einen denkbar zurückgezogenen und einfachen Lebenswandel auf. Sein vordringliches Ziel war es, anhand von Zeichnungen und Gipsmodellen die Fortsetzung der Bauarbeiten sicherzustellen, für deren Vollendung er weitere 200 Jahre veranschlagte.

Er verbrachte nunmehr seine ganze Zeit in der Werkstatt. Lediglich am Sonntagmorgen gestattete er sich einen Spaziergang am Meeresufer in Begleitung junger Architekten, die ihn befragten und wortgetreu alles notierten, was er ihnen über sein Verhältnis zur Natur, zum Mittelmeer, zur politischen und sozialen Wirklichkeit Kataloniens, zur Kunst und zu seiner Architektur erzählte.

Gaudí starb am 10. Juni 1926, drei Tage nachdem er im Alter von 74 Jahren von einer Straßenbahn angefahren worden war. Unzählige Katalanen, die sich bewusst darüber waren, dass sie ihrem größten Architekten die letzte Ehre erwiesen, nahmen bei seiner Beerdigung von ihm Abschied.

Gaudí war es gelungen, bis zu den ökologischen Wurzeln der Architektur vorzudringen, darin war er ebenso traditionsbewusst wie innovativ. Er hat seine Baukunst auf den unauflöslichen Zusammenhang von statischer Struktur und architektonischer Form, von Raum und Ornament gegründet und die Architektur des einzelnen Gebäudes ebenso bereichert wie die Landschaftsgestaltung. Darüber hinaus zeugen seine Visionen von einem intuitiven, geradezu physischen Sinn für das Heilige, dessen Präsenz er symbolisch und kommunikativ zu evozieren wusste.

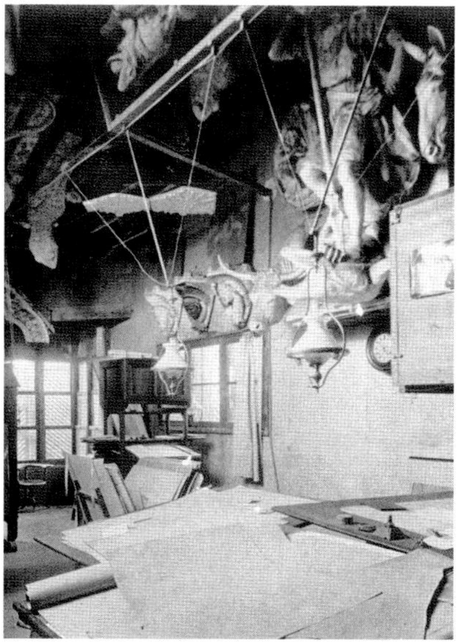

Gaudís Werkstatt neben der Baustelle der Sagrada Família, 1926

1883–1885 ▸ El Capricho

Comillas (Santander)

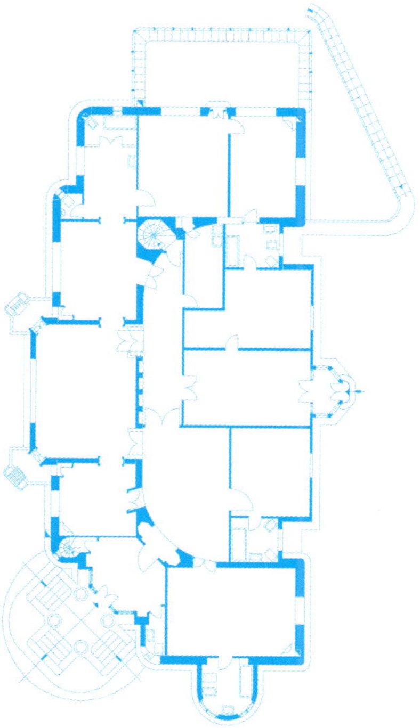

Grundriss des Erdgeschosses
Der Portikus mit drei kurzen Treppen ist diagonal zur Längsachse des Gebäudes ausgerichtet.

Den Auftrag für den Entwurf einer Sommerresidenz an der kantabrischen Küste in dem Ort Comillas bei Santander erhielt Gaudí von Máximo Díaz de Quijano, einem Schwager von Eusebi Güell, der vom spanischen König zum Marqués de Comillas ernannt worden war. Das Gebäude, das wegen seiner originellen Ästhetik El Capricho genannt wurde, befindet sich mitten in einem Kastanienwald am Hang eines Hügels. Beim Bau musste der Architekt das Gefälle des nach Norden ausgerichteten Grundstücks berücksichtigen, das sich auf ein dicht bewachsenes Tal öffnet und zum Meer hin abflacht. Gaudí verlieh der Konstruktion eine überwiegend horizontale Raumverteilung, richtete die Wohnbereiche mit Blick auf das Tal aus und versah die Fenster mit doppelter Verglasung.

Der Bauplatz der Villa wurde unter anderem durch Abtragen eines Teils des Hangs gewonnen. Er wird von einer robusten, hohen Stützmauer eingefasst, deren Nische einen Aufenthaltsplatz im Freien bietet. Das Äußere des kompakten Gebäudes ist durchgängig mit horizontalen Fliesenbändern überzogen. Während die Hauptansicht im Sockel durch eine ockergelbe bis graue Rustika mit starkem Relief betont wird, ist das Erdgeschoss abwechselnd mit breiten Bändern aus Ziegelsteinen unterschiedlicher Farbe und schmalen Bändern aus Majolikafliesen verkleidet, die größtenteils mit dem Reliefmuster der Sonnenblume oder ihrer Blätter dekoriert sind.

Die Anordnung der Räume ist ähnlich wie bei der Casa Vicens: Im Souterrain sind Küche und Wirtschaftsräume untergebracht, im Erdgeschoss befinden sich große Säle sowie eine Raucherecke mit Pseudokuppeln aus arabischem Stuck. Die Wände sind im unteren Bereich mit bemalten Keramikfliesen, im oberen mit Pappmaschee verkleidet. Um viele Gäste aufnehmen zu können, ist die Villa mit einer Reihe von Schlafzimmern mit eigenem Bad ausgestattet. Von dort gelangt man über einen großzügigen Verbindungsraum zu einem gemeinschaftlichen Salon mit doppelter Deckenhöhe – dem eigentlichen Mittelpunkt des Hauses.

Die Bauleitung übertrug Gaudí dem Architekten Cristóbal Cascante i Colom (1857–1889), einem Studienkollegen, der die Arbeiten auf der Basis eines von Gaudí bis ins kleinste Detail vorgefertigten Modells überwachte.

Details der hölzernen Kassettendecken mit Bronzeverzierungen aus Metallplättchen und Wappenmustern

Linke Seite:
Die Villa mitten im Kastanienhain von Comillas
Im Vordergrund der Portikus mit dem hohen Aussichtsturm.

1883–1887 ▸ Finca Güell

Avinguda de Pedralbes, 7, Barcelona

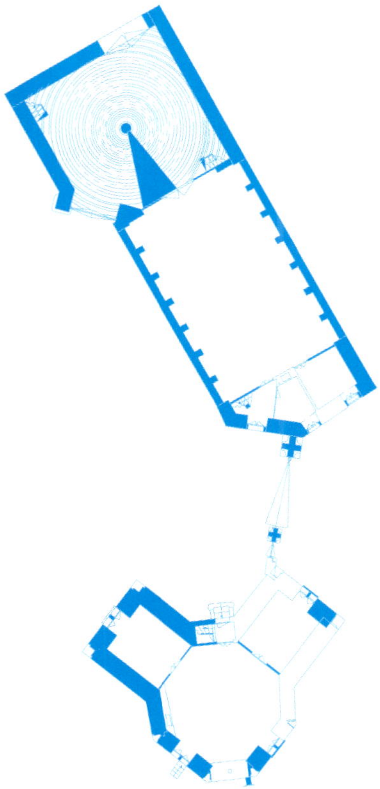

Erdgeschossgrundrisse der beiden Gebäude der Finca Güell, des aus drei Baukörpern bestehenden Pförtnerhauses und des Pferdestalls mit Reithalle

Eusebi Güell hatte von seinem Vater ausgedehnte landwirtschaftliche Flächen in einer hügeligen Gegend an der Peripherie von Barcelona geerbt, die damals Les Corts de Sarrià hieß. Hier hatte der Architekt Joan Martorell i Montells bereits eine geräumige Residenz im karibischen Stil gebaut, die an Kuba und die Dominikanische Republik erinnern sollte, wo die Familie Güell reich geworden war. Eusebi Güell kaufte weitere Grundstücke hinzu, bevor er 1883 Gaudí den Auftrag gab, sowohl die im französischen Stil gehaltene Parkanlage umzugestalten als auch neue Bauten zu errichten: ein Pförtnerhaus und ein Gebäude für Pferdeställe mit Reithalle. In dem romantisch angelegten Park siedelte der Architekt viele mediterrane Pflanzen an: Pinien, Eukalyptusbäume, Magnolien, Zypressen und Palmen. Darüber hinaus integrierte er zwei Springbrunnen und eine Laube, in der er erstmals das Kettengewölbe verwendete. Den größten Teil des Parks und den Wohnsitz im karibischen Stil überließ Eusebis Sohn später der spanischen Krone, die dort die als Palau de Pedralbes bekannte Residenz errichtete, die heute das bedeutende städtische Keramikmuseum beherbergt.

Vor dem Garten erstrecken sich über die gesamte Straßenlänge des Grundstücks die beiden Pavellons: das Pförtnerhaus und der Pferdestall mit Reithalle, die durch einen Eingang für Fußgänger und ein Tor für Fahrzeuge verbunden sind. Die Finca, die von der ursprünglichen Einfriedungsmauer umschlossen wird, hat außerdem zwei Nebeneingänge an der Avinguda de Pedralbes und der Carrer George R. Collins.

Von außen gesehen befindet sich auf der linken Seite das Pförtnerhaus auf L-förmigem Grundriss mit gleich langen Flügeln. Es besteht aus drei Baukörpern: einem mittleren achteckigen Bau für den großen Saal, dessen Kuppel mit Hyperbelschnitt in katalanischer Technik ausgeführt wurde, und zwei flankierenden kubischen Bauten kleineren Ausmaßes. Im Erdgeschoss der beiden Flügel befinden sich Räume mit kleinen Deckengewölben, im Obergeschoss die Schlafzimmer mit Hyperbelgewölben. Der Hyperbelschnitt erlaubt die Anbringung von Ventilationskaminen am Scheitelpunkt, die außen mit farbigen Keramikfliesen verkleidet sind.

Interessant ist das Zusammenspiel zwischen statisch-strukturellen Elementen und der Vielfalt der Oberflächenverzierungen. Gestampfter Lehm, ein preiswertes Material mit guten thermischen Eigenschaften, dient zur Ausfachung der Umfassungsmauern. Die Mauerteile, die stärkeren Druckverhältnissen ausgesetzt sind, sowie die Ecken der Konstruktion bestehen aus roten bis gelben Ziegeln aus gebranntem Ton. Sie bleiben sichtbar und sind durch Mörtelschichten mit untergemischten farbigen Glasscherben gebunden. Die Oberflächen aus gestampftem Lehm hingegen sind mit kleinen vorgefertigten Reliefplatten aus Beton verkleidet, die halbkreisförmige Wellenmuster und Kügelchen nachzeichnen. Für die krönenden Aufsätze der Außenmauern wurden gewöhnliche Ziegelsteine aus dunkelrotem Ton verwendet, deren Anordnung einen lebhaft geschwungenen Zinnenkranz bildet. Dieser erhebt sich auf einem auskragenden Mauervorsprung. Auf diese Weise schuf Gaudí mit vergleichsweise preiswerten Materialien eine wärmedämmende Außenhaut mit stilistischen Anklängen an die Mudejar-Kunst und erzielte den Effekt einer intensiv leuchtenden Farbigkeit.

Linke Seite:
Gebäude der Finca Güell an der Avinguda de Pedralbes

Von außen gesehen erstreckt sich auf der rechten Seite der Pferdestall, dem Eingangsbereich und Wirtschaftsräume vorgelagert sind und an dessen Ende die Reithalle auf quadratischem Grundriss mit Kuppeldach und aufgesetzter Laterne anschließt. Auch dieses Gebäude wurde wie das Pförtnerhaus von eigens aus der Provinz Lleida angeworbenen Handwerkern aus gemischtfarbigem Mauerwerk errichtet. Der Pferdestall, der heute die Bibliothek der Reial Càtedra de Gaudí beherbergt, erhebt sich über rechteckigem Grundriss und ist durch Querbögen gegliedert. Diese sind untereinander durch Gewölbe verbunden, deren Parabelschnitt große Fensteröffnungen in den beiden Seitenwänden ermöglicht.

Berühmt geworden ist die Finca Güell vor allem wegen ihres außergewöhnlichen Eingangstors aus Schmiedeeisen. Der kleinere Eingang für Fußgänger besteht aus einem parabelförmigen Torbogen. Dessen Mauerwerk aus Ziegelsteinen, das sich über einem hohem Sockel aus Stein erhebt, hat die gleiche Struktur wie das angrenzende Mauerwerk. Mit dem Drachentor hat Gaudí ein regelrechtes plastisches Meisterwerk aus Schmiedeeisen, seinem liebsten Material, geschaffen. Entstanden ist es, wie die meisten Entwürfe, in der Schmiedewerkstatt von Joan Oñós. Der Drachen und der Baum mit den vergoldeten Äpfeln auf der Spitze des Pfeilers, an dem das Tor aufgehängt ist, lassen die Pavellons de la Finca Güell zu einer architektonischen Metapher des Hesperidenmythos werden. Diesem griechischen Mythos zufolge gelang es Herakles, die goldenen Äpfel aus dem Garten der Hesperiden zu stehlen. Jacint Verdaguer, Priester und Freund Güells und Gaudís, greift diesen Mythos in „L'Atlàntida" auf. In diesem Versepos, das dem Marqués de Comillas gewidmet ist, feiert Verdaguer die mythischen Ursprünge und historischen Wechselfälle des katalanischen Volkes.

Die Außenmauer des Pförtnerhauses
Die kettenbogenförmigen Fenster sind in Mauerwerk aus Ziegelsteinen eingelassen, das Mauerwerk aus gestampftem Lehm ist mit halbkreisförmigen Pressformen aus Beton verkleidet.

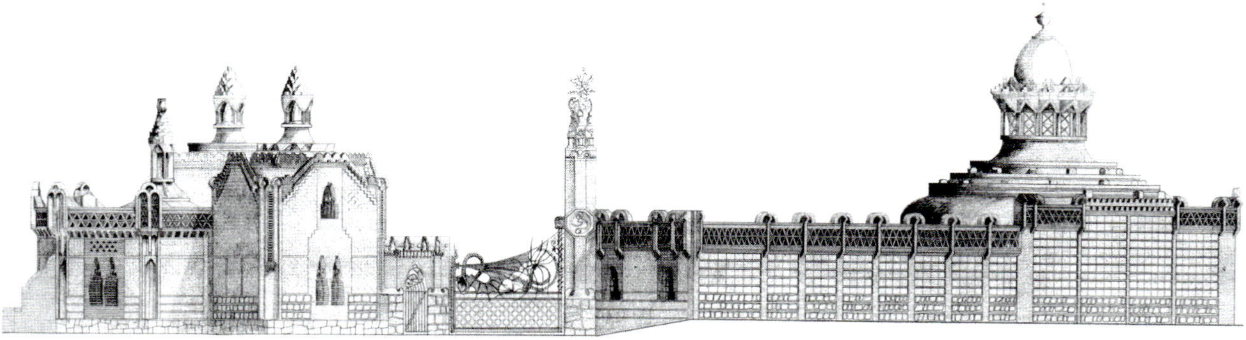

Aufriss der Seitenansicht zur Avinguda de Pedralbes
In der Mitte das schmiedeeiserne Drachentor, das an einem hohen Pfeiler verankert ist, der den ebenfalls schmiedeeisernen Baum der vergoldeten Äpfel trägt.

Das schmiedeeiserne Tor an der Einfahrt für Fahrzeuge
Der untere Teil besteht aus diagonal angeordneten Stäben und Metallplättchen, die ein Muster aus abwechselnd leeren und gefüllten Vierecken bilden. Darüber erhebt sich der Drache mit aufgerissenem Maul und Fledermausflügeln.

B 5073-CJ

1883–1888 ▸ Casa Vicens

Carrer de Les Carolines, 18–24, Barcelona

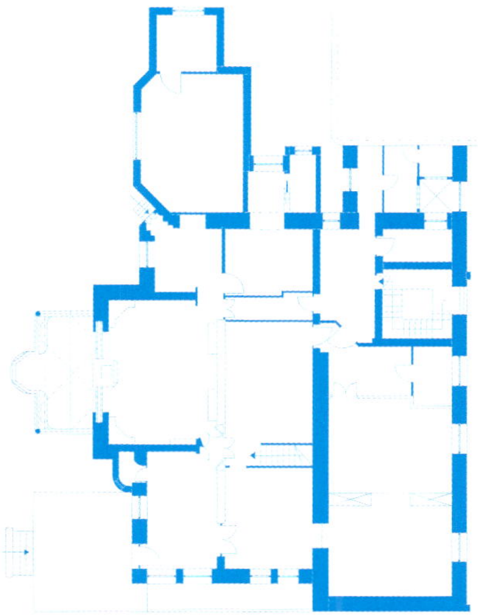

Grundriss des Erdgeschosses

Das erste nach Gaudís Entwürfen realisierte Bürgerhaus enstand für Manuel Vicens i Montaner im Stadtviertel Gràcia, damals noch an einer engen Gasse gelegen, die später ausgebaut wurde und heute Carrer de Les Carolines heißt. Das gut erhaltene Gebäude wurde 1925–1927 von einem Schüler Gaudís, dem Architekten Joan Baptista Serra de Martínez erweitert, der hinsichtlich der Eingriffe an Gebäude und Garten ständig Rücksprache mit dem betagten Meister hielt. Von Gaudí selbst wissen wir, dass er die Pflanzen- und Blumenmotive, die seine Architektur schmücken, dort gefunden hatte, wo das Haus entstehen sollte: „Als ich die ersten Vermessungen des Grundstücks vornahm, war der Boden vollständig von denselben gelben Blumen bedeckt, die ich als dekoratives Motiv für die Keramiken verwendete. Eine üppige Palme gab es dort auch, die mich zu den in Eisen gegossenen Motiven an Tor und Hauseingang inspirierte."

Hier wie auch in den anderen frei stehenden Bürgerhäusern mit Garten verwirklichte Gaudí die seit seiner Jugendzeit gehegte Vorstellung des autonomen Familiensitzes, der das private Zusammenleben seiner Angehörigen schützt. In diesem Sinne sollte die Casa Vicens ihren Bewohnern Wohlstand, Hygiene, Schönheit und einen ständigen Kontakt mit der Natur bieten. Darüber hinaus begann für den Architekten die – ihn lebenslang beschäftigende – Suche nach geeigneten Mitteln, um die bestmögliche Belüftung und Beleuchtung eines Gebäudes zu erzielen, wofür er entsprechende, oft selbst entwickelte Licht- und Luftfilter zwischen Innerem und Äußerem einsetzte.

Die weitläufige Residenz erstreckt sich über drei Stockwerke. Im Souterrain sind Küche und Wirtschaftsräume untergebracht. Das Erdgeschoss umfasst einen Eingangsbereich, einen großen Speisesaal, der durchgängig ornamental ausgestaltet ist und sich zu einer Veranda nach Süden öffnet, sowie eine im orientalischen Stil verkleidete Raucherecke. Letztere ist mit Mukarnas ausgestattet, die den Eindruck einer Kuppel suggerieren, und durch eine Glasfront abgetrennt, auf die verschnörkelte Palmenmuster eingraviert sind. Das obere Geschoss ist für die Nachtruhe vorgesehen, es gibt zwei Schlafzimmer mit verputzten Wänden und Freskomalereien, deren Motive die Vegetation an den Ufern des benachbarten Wildbachs Cassoles aufnehmen. Die tragende Struktur des Gebäudes besteht aus einfachem Mauerwerk mit Querbalken und Deckenträgern aus Holz. Dieses Tragwerk ist genau auf die räumliche Gliederung ausgelegt und wird von dekorativen Elementen in der Mudejar-Tradition ergänzt.

Gaudí entwarf alle Details mit äußerster Sorgfalt und drückte jedem Element der Einrichtung seinen persönlichen Stempel auf – von den Möbeln mit Schiebetüren, die in der Tiefe der Wand verschwinden, bis zu den ausgeklügelten Schlossvorrichtungen der Schränke aus geschmolzenem und vergoldetem Messing. Die Ausstattung des großen Speisesaals wurde darauf abgestimmt, den Raum im Übergang von Eck- und Wandmöbeln architektonisch fließend und abwechslungsreich zu gliedern. Die Zwischenräume der Deckenbalken sind mit Motiven von Früchten und Blättern des Erdbeerbaums aus farbigem Pappmaschee dekoriert, während die Graffiti an den Wänden das Muster von Efeuranken nachzeichnen.

Linke Seite:

Blick von der Carrer de Les Carolines auf die Casa Vicens

Der vom Mudejar-Stil inspirierte Entwurf zeichnet sich durch seine Polychromie aus. Im oberen Geschoss mit der durchgehenden Galerie kragen die Ecktürme weit vor. Das Eingangstor ist wie der obere Teil der Umzäunung aus Schmiedeeisen und setzt sich aus dem Blattmotiv der Zwergpalme zusammen.

Mit der durchgehenden Verwendung von Kragsteinen und vorspringenden Gesimsen aus Ziegelstein für die Außenhülle des Gebäudes nahm Gaudí eine maurische Bauweise wieder auf. Überaus fein gegliedert ist der kleine Eckturm zur Straßenseite, der nach oben hin immer weiter vorkragt. Vorsprünge, Gesimse und Treppenprofile sind stets mit einer sorgfältig abgestimmten Polychromie aus Ziegeln, Naturstein und Keramikfliesen gestaltet. Die Keramikfliesen sind mit Blumenmotiven versehen oder im Schachbrettmuster angeordnet. Die unterschiedliche Geometrie und Gestaltung der Stockwerke betont zusätzlich das Spiel von Hell und Dunkel, das im oberen Teil des Gebäudes seinen stärksten Ausdruck findet. Dieser verfügt über eine Galerie, die einst durch Holztüren und -fenster im orientalisierenden Stil geschlossen war. Das Dach ist umlaufend begehbar und mit Sitzgelegenheiten im Freien und in den Ecktürmchen ausgestattet.

Das Grundstück wird von einer Natursteinmauer mit einem schmiedeeisernen Gitteraufsatz im Palmenblattmuster, das aus einem naturgetreuen Terrakottaabguss gewonnen wurde, eingefasst. Gaudí umgab das Gebäude mit drei Gärten: ein erster kleiner dient dazu, das Haus von der Straße zu trennen; ein zweiter aus kreisförmigen Palmenbeeten befindet sich gegenüber dem Repräsentationsbereich im Erdgeschoss; in einem dritten, seitlich angelegten wachsen Obstbäume.

Der Speisesaal mit seiner teilweise in die Wände eingelassenen Möbeleinrichtung

Kamin im Speisesaal

Detailaufnahme des schmiedeeisernen Tors mit dem Blattmotiv der Zwergpalme

Oben:
Originaleinrichtung des Wohnzimmers

Links:
Der Garten des Hauses nach 1925
Im Vordergrund die Rotunde der Kapelle, dahinter der Vorbau, der zur Abschirmung des Wasserfalls diente. Beide Bauten sind zerstört worden.

1886–1890 ▸ Palau Güell

Carrer Nou de la Rambla, 3–5, Barcelona

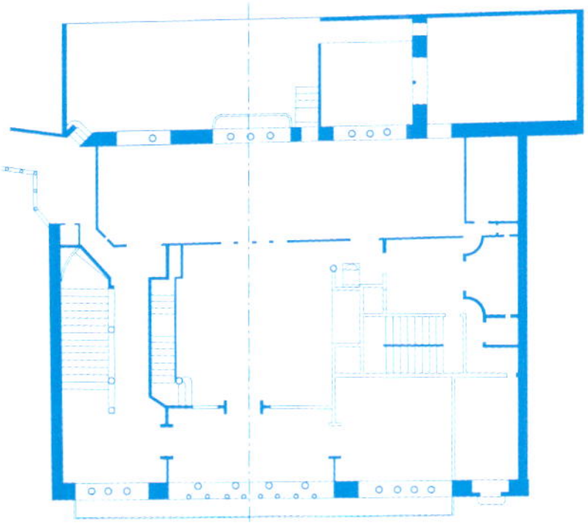

Grundriss des ersten Obergeschosses
Im Zentrum befindet sich der Musiksaal. Der Entwurf wurde 1910 auf der Pariser Ausstellung der Société des Beaux-Arts vorgestellt.

Beim Palau Güell handelt es sich um das erste Gebäude für Eusebi Güell, das Gaudí nicht am Stadtrand, sondern im Zentrum Barcelonas errichtete. Es entstand in einer Zeit großer Umtriebigkeit, da die Stadt mit der Ausrichtung der Weltausstellung 1888 ihre Modernität nicht nur im technologischen Bereich, sondern auf allen Gebieten unter Beweis stellen wollte. In diesem Umfeld hielt der Freund und Mäzen des Architekten einen Wohnsitz für notwendig, der seinen sozialen Status und seinen kulturellen Anspruch angemessen repräsentierte. Es ist überliefert, dass die Baukosten für den Palau Güell sehr hoch waren, dass er Eusebi Güells Frau, Mutter von zehn Kindern, nicht gefiel, weil er zu groß war, und dass der Auftraggeber selbst das Haus lange Zeit nicht bewohnte, sondern hier seine Kunstschätze und all jene Dinge unterbrachte, die er aus kulturellem Interessse und während seiner Reisen im Laufe der Zeit erworben hatte. Das vom Vater geerbte Grundstück, auf dem der Palau Güell errichtet wurde, befand sich zwischen unansehnlichen Gebäuden und war durch einen Hof mit einem weiteren Haus der Güells verbunden. Das Projekt nahm Gaudí lange Zeit in Anspruch: Insgesamt erarbeitete er 25 verschiedene Lösungen für die Fassade.

Während sich die Arbeiten an der Baustelle bis 1890 hinzogen, wurde die Fassade bereits im Jahr der Weltausstellung 1888 eingeweiht und löste sogleich heftige polemische Reaktionen aus, die von der örtlichen Presse ausgiebig dokumentiert wurden. Die Kritik reichte von Bezeichnungen wie schön, babylonisch, mehr Tempel denn Haus, kostbar und ausgesucht bis maßloser Luxus.

Das sehr hohe Erdgeschoss der Fassade wird von zwei gewaltigen Parabelbögen mit wuchtigen Eisentoren aus gewirktem Schmiedeeisen dominiert. Nach oben hin sind die Tore mit fest verankerten Gliedern verbunden. Dort winden sich die Eisen um die Wappenschilder mit den Initialen des Eigentümers. Zwischen den beiden Torbögen prangt zum Ruhm des katalanischen Nationalgefühls ein großes zylinderförmiges Wappen, auf dem ein Jungadler zu seinem ersten Flug ansetzt. Das Geflecht aus Bändern, Maschen, Pflanzen- und Tiermotiven ist ein Meisterwerk der Schmiedekunst. Die Rückansicht des Gebäudes ist ebenso sorgfältig wie schlicht gestaltet. Sie wird von einem großen, weit vorkragenden Erker beherrscht, in dem eine Sitzbank eingerichtet wurde. Durch ein Gitterwerk aus verstellbaren Lamellen wird er nach außen abgeschirmt.

Über eine spiralförmige Rampe gelangt man zu den Pferdeställen im Untergeschoss. Sie werden durch mächtige Stützpfeiler von bis zu 1,4 Meter Durchmesser gegliedert, die sich zur Decke hin kegel- bzw. pyramidenförmig verjüngen.

Herzstück des Gebäudes ist das weitläufige herrschaftliche Appartement. Akustisch und visuell gut abgeschirmt, wartet es mit vielen kostbaren Ornamenten, perspektivischen Täuschungen, Bühnenbildeffekten und der Verbindung von neugotisch angehauchten Elementen im Mudejar-Stil mit solchen des Modernisme auf. Das Zentrum bildet ein Saal, der sich bis zum Dachgeschoss erstreckt. Die Abdeckung ist darauf angelegt, das natürliche Licht effektvoll gefiltert ins Innere einfallen zu lassen. Zwickel ermöglichen die Konstruktion sowohl einer großen Parabelkuppel als auch die

Linke Seite:
Blick von der Galerie im ersten Obergeschoss in den Musiksaal
Die große Tür verbirgt eine kleine Nische, in der sich eine Kapelle mit Altar befindet.

Horizontalschnitt des Palasts
Der Musiksaal im Zentrum reicht vom ersten Obergeschoss bis zum Gewölbe unterhalb der Laternen-Fiale.

Die Fassade des Palau Güell mit benachbarten Gebäuden
Über dem hohen Erdgeschoss erhebt sich das Hauptgeschoss mit der Tribüne. Die Fassade wird von einem Zinnenkranz bekrönt, auf dem Terrassendach befinden sich Kamine und eine Fiale.

von Parabelbögen über den vier Seiten des kubischen Raums. Der Saal wird durch viele kleine, mit dunklem Alabaster ausgekleidete Öffnungen sowie durch ein großes zentrales Loch, über dem eine Laternen-Fiale das Außenlicht einfängt, beleuchtet. Der Eindruck eines Sternenhimmels, den die Kuppel auf diese Weise bei Tage vermittelt, lässt sich durch in der Nähe der Öffnungen angebrachte Lampen auch nachts erzielen.

Gaudís Geschick bei der Lösung statischer oder technischer Probleme, ob sie die Ventilation, die Schallisolierung oder die Beleuchtung betrafen, ist hier ebenso beeindruckend wie die handwerkliche Ausführung jedes einzelnen Details. Überwältigend ist schließlich das – wie immer bei Gaudís Bauten – begehbare Terrassendach. Die 20 Türmchen der Abzugskamine sowie der emporragende Kegel der Fiale nehmen hier die Gestalt verspielter, farbiger Skulpturen an, die aus ineinander gefügten geometrischen

Rechte Seite:
Blick von unten auf den Kettenbogenschnitt des Gewölbes über dem Musiksaal
Das Licht fällt durch kleine Löcher im Gewölbe und hohe Seitenfenster ein.

Ansicht der Hoffassade
Der mehrgeschossige Erker wird durch ein hölzernes Gitterwerk aus verstellbaren Lamellen nach außen abgeschirmt.

Körpern gewonnen und teilweise mit Trencadís-Keramik verkleidet, teilweise in Natur- oder Backstein belassen wurden.

Der Palast, der bei den Einwohnern Barcelonas alsbald den Ruf eines Wunderwerks genoss und in vielen englischen und amerikanischen Zeitschriften erschien, wurde von vielen als Symbol der Renaixença betrachtet, als gültige Selbstdarstellung einer kulturell ambitionierten Bourgeoisie, die sich die Pflege der katalanischen Sprache und die großzügige Förderung ihrer Künstler auf die Fahnen geschrieben hatte.

Der Palau Güell ist das einzige von Gaudí selbst vollendete Werk, das unversehrt erhalten ist. 1984 wurde es von der UNESCO zum Bestandteil des Weltkulturerbes erklärt.

Rechte Seite:
Die Wohnräume im ersten Obergeschoss mit den Parabelbögen der zur Carrer Nou de la Rambla vorkragenden Tribüne

1889–1890 ▸ Col·legi de les Teresianes

Carrer Granduxer, 85, Barcelona

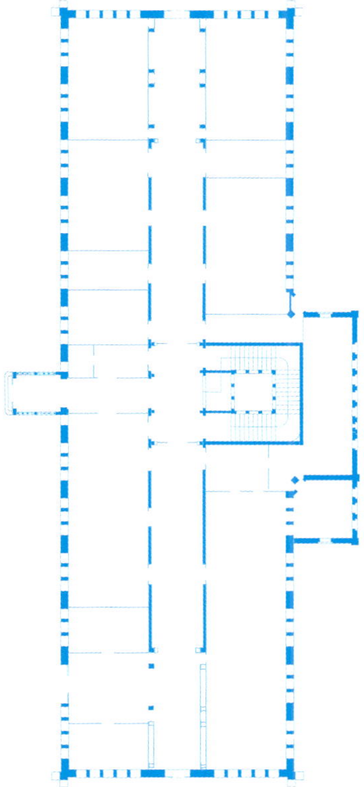

Erdgeschossgrundriss des rechteckigen, lang gezogenen Ordenshauses
In der Mitte die hervortretenden Baukörper des Haupteingangs und des rückwärtigen Eingangs mit Treppenhaus. Von der Mittelachse gehen Gänge ab, die – von eigenwilligen Parabelbögen überwölbt – einseitig von den Innenhöfen belichtet werden.

Linke Seite:
Zentraler Gang im Erdgeschoss mit tragenden Konsolen aus Backstein, in der Mitte der gemauerte Parabelbogen

Das Col·legi de les Teresianes befand sich schon im Bau, als Enric d'Ossó i Cervelló, Priester und Gründer des neuen Ordens der heiligen Theresa von Avila, Gaudí 1889 beauftragte, den Komplex mit einem unverwechselbaren Profil zu vollenden. Der ursprüngliche Entwurf sah die Errichtung mehrerer Bauten am Rande von Barcelona vor, realisiert wurde jedoch nur das Gebäude, in dem die Schule und das Wohnheim der Schwestern untergebracht wurden. Aufgrund knapper Mittel konnte nicht einmal dieses Bauwerk fertig gestellt werden. Die nicht von der Straße zugängliche Kapelle im Inneren stammt nicht von Gaudí.

An der Fassade des kompakten Quaders, der sich nach außen wie eine schmucklose Burg ausnimmt, lassen sich die vier nach oben hin niedriger werdenden Stockwerke ablesen, die von einem dreieckig zugespitzten Zinnenkranz bekrönt werden. In der Mitte ragt ein quadratischer Vorbau hervor, der im Erdgeschoss als Eingangsbereich und in den beiden darüber liegenden Geschossen als Erker genutzt wird. Ihm gegenüber ist auf der Rückseite ein größerer Vorbau angeordnet, der als Hintereingang und Treppenhaus dient.

Das gesamte Bauwerk wurde mit preiswerten Materialien realisiert, die sowohl für die tragenden Funktionen als auch für die Ornamente verwendet wurden. Der Architekt sah sich hier mit der doppelten Aufgabe konfrontiert, einen möglichst originellen Entwurf unter strengen Kostenauflagen auszuführen – eine für ihn ungewöhnliche Situation. Es lässt sich jedoch festhalten, dass ihm hervorragende Lösungen gerade wegen der auferlegten Beschränkung auf das Wesentliche gelungen sind. Für die Fensteröffnungen, die Parabelbögen, den hohen Zinnenkranz, die Gesimse zwischen den Stockwerken und die Einfassungen der Felder aus ockerfarbenem Naturstein fiel die Wahl auf gelbe und rote Backsteine. Sie wurden durchgehend in der Verknüpfung von tragender Funktion und Ornament, zum Teil mit fast kalligraphischem Charakter, verwendet. Die genaue Abstimmung der Proportionen verleiht dem Ganzen den Charakter einer einheitlichen Ordnung.

An den vier Ecken des Bauwerks steigen, ebenfalls aus Backstein, Türme mit Konsolen empor, auf denen jeweils eine spiralförmig gewundene Säule ruht. Diese wurde durch eine entsprechende Schichtung der Ziegelsteine gewonnen, in der Mitte allerdings unterbrochen, um den Symbolen des Ordens Platz zu machen: dem Berg Karmel mit dem Kreuz auf der Spitze, dem von Dornen gekrönten Herz der Jungfrau Maria und dem von einem Pfeil durchbohrten Herz der heiligen Theresa. Die vier hohen Ecktürme enden in vier Kreuzen aus Keramik, deren Arme in die vier Himmelsrichtungen zeigen. Die Initialen des Ordens, SHS, aus dunkelrot verglaster Keramik bilden ein durchgehendes Motiv auf den alle Fassaden zierenden Ziegelsteinbändern. Den Eingangsbereich bewacht ein Tor mit drei schmiedeeisernen Flügeln, in die geometrische und vegetabile Muster sowie Ordenssymbole eingearbeitet sind.

Im Inneren des Ordenshauses soll der mittlere Bereich der drei voneinander getrennten Bereiche, die der Grundriss ausweist, für eine möglichst reibungslose Erschließung in der Vertikalen wie in der Horizontalen sorgen. Darüber hinaus erfolgt

Außenansicht des Ordenshauses
Aus der Fassade ragt der tribünenartige Vorbau heraus, der die Eingangshalle abschließt; in der Mitte das Wappen mit den Symbolen des Ordens der heiligen Theresa.

Schulraum, zeitgenössisches Foto

Ein Flur im ersten Stockwerk mit der Flucht hoher Parabelbögen

über diesen Bereich die Beleuchtung und Ventilation der Innenräume – auch dies technische Probleme, denen sich der Architekt wie immer mit großer Begeisterung widmete. Viele Wissenschaftler halten das Gebäude für eine Metapher der „Inneren Burg“, der mystischen Hauptschrift der Theresa von Avila, in der sie die Seele mit einer Burg vergleicht, aus deren geheimnisvoller Mitte das Licht göttlicher Präsenz nach außen hin strahlt.

Mit geschickt eingesetzten Konstruktionsmitteln realisierte Gaudí hier zwei sehr helle Innenhöfe – die eigentliche Seele des Konvents mit Burgcharakter. Sie werden von langen Korridoren, die von dicht aufeinander folgenden Parabelbögen überwölbt werden, flankiert. Einige von ihnen ruhen auf schmalen Sockeln, die zum Teil nicht breiter als ein einzelner Ziegelstein sind. Das Licht, das sich auf den weiß getünchten Oberflächen der Bögen ausbreitet, erzeugt einen starken Kontrast zum dunklen Backsteinboden. Vom Erdgeschoss bis zum begehbaren Dach garantiert das Rahmentragwerk aus Vollziegeln auch im Bereich der Fensterdurchbrüche die konstruktionstechnisch erforderliche Steife.

1889–1893 ▸ Palacio Episcopal

Astorga (León)

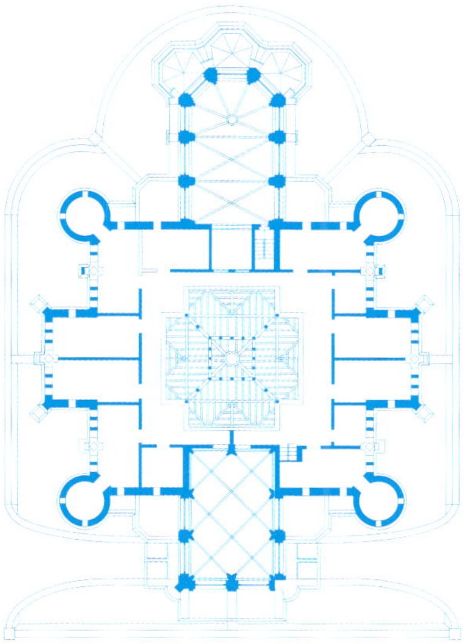

Grundriss des ersten Obergeschosses
Alle Örtlichkeiten sind um einen großen, die gesamte Höhe einnehmenden zentralen Raum angelegt.

Ansicht des Bischofspalasts mit der hervortretenden Apsis der Kapelle, die von drei kleineren Apsiden umschlossen wird

Linke Seite:
Speisesaal im ersten Obergeschoss

1886 wurde Joan Baptista Grau i Vallespinós, ein aus Gaudís Geburtsstadt Reus stammender Priester zum Bischof von Astorga in der Provinz León ernannt. Da ihm ein würdiger Sitz zu seinem Amt fehlte, bat er den mittlerweile in ganz Spanien bekannten Architekten, ihm einen neuen Bischofspalast zu errichten.

Gaudí war zu dieser Zeit mit dem Palau Güell und der Sagrada Família völlig ausgelastet. Deshalb ließ er sich eine ausführliche fotografische Dokumentation des vorgesehenen Grundstücks kommen und begab sich erst nach Beginn der Arbeiten nach Astorga.

Schon bald gab es Differenzen mit der Academia de Bellas Artes de San Fernando, dem Kontrollorgan für öffentliche Gebäude mit künstlerischem Anspruch. Die Akademiker lehnten mehrere neugotische Lösungen Gaudís ab, was diesen veranlasste, nach dem plötzlichen Tod von Bischof Grau 1893 das Projekt gänzlich aufzugeben.

Gaudí entwarf den Palast im neugotischen Stil als Burg aus soliden Granitblöcken und mit dazugehörigem Graben. Während sich an den Ecken des Gebäudes auf quadratischem Grundriss vier zylindrische Türme erheben, kragen an allen vier Fronten kleinere Baukörper vor. Gaudí ordnete alle Innenräume um einen großen zentralen Raum mit doppelter Deckenhöhe an, der durch Oberlichter mit Zinnenkränzen im Mudejar-Stil beleuchtet werden sollte. Der komplexeste Bauteil ist die Apsis der Kapelle, die von drei kleineren Apsiden umschlossen wird, der beeindruckendste ist der Eingangsbereich, den drei hohe ausgeschmiegte Spitzbögen kennzeichnen, die aus großen Steinen bestehen und voneinander durch Strebepfeiler getrennt werden. Auf dem höchsten Punkt des Gebäudes wollte der Architekt einen fünf Meter hohen Engel aus Zink platzieren. Die von Gaudí stammende Ausstattung der Innenräume und die Dekors stellen freie Variationen gotischer Stilelemente und Motive dar. Die Wände sind verputzt und mit Wandmalerei verziert. Die Rippen der Gewölbe werden durch dunkelrote Muster aus glasierter Keramik hervorgehoben. Die Kapitelle weisen bizarre Formen auf, die entweder von Pflanzen inspiriert sind oder aus dem Spiel mit den Volumina resultieren. Erhalten geblieben sind auch viele kolorierte Originalglastüren.

Das als Residenz und Repräsentationsbau konzipierte Gebäude sollte nie im Sinne seiner ursprünglichen Bestimmung, sondern bald schon als Museum genutzt werden. 1907–1914 wurde es mit radikalen Änderungen – insbesondere im oberen Teil – von dem Architekten Ricardo García Garreta vollendet. Die ursprüngliche Geschlossenheit der Komposition wurde durch eine nachträgliche Zerteilung der Räume und die Erweiterung des Bauwerks aufgegeben.

1891–1894 ▸ Casa Fernández y Andrés

Plaza de San Marcelo, León

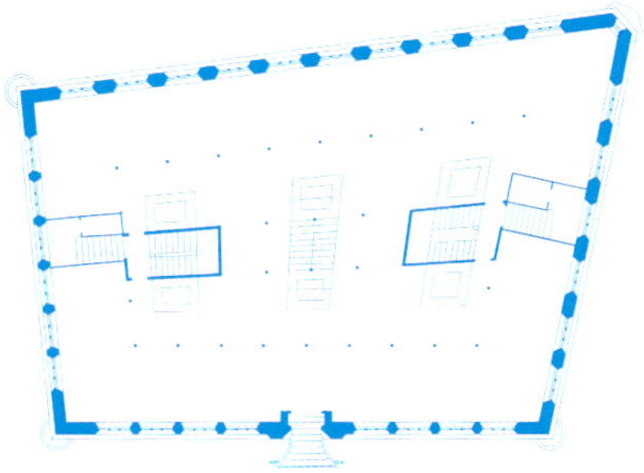

Grundriss des Erdgeschosses

Das Gebäude, auch Casa de los Botines genannt, wurde im Erdgeschoss und Souterrain kommerziell genutzt und war in den drei darüber liegenden Geschossen für Wohnungen vorgesehen. Es erstreckt sich über eine ganze städtische Parzelle in der Nähe der Kathedrale von León.

Die Auftraggeber Mariano Andrés und Simón Fernández, Freunde von Eusebi Güell, waren Leinengroßhändler und wünschten sich eine repräsentative Residenz. Für sie entwarf Gaudí einen neugotischen Palast aus bossiertem Granit. Er stattete die vier Ecken des prismatischen Baus mit weit vorspringenden Erkertürmen aus. Deren hohe Spitzen sind mit Schiefer verkleidet, ein Material, das auch für die Dachplatten verwendet wurde.

Der kompakte Baukörper ist durch die markanten Gurtgesimse sowie die zur Straßenseite vorkragenden Dachfenster gekennzeichnet. Ein Metallzaun, dessen schmiedeeisernes Maschenwerk aus spiralförmig gebogenen Eisenstäben ein Rautenmuster zeigt, umschließt das Gebäude auf Erdgeschossebene und gibt lediglich die beiden Eingänge frei. Er schützt die Fenster im Souterrain, ohne die Sicht auf das Gebäude zu verstellen.

Die statische Konstruktion des Bauwerks besteht im Souterrain und im Erdgeschoss aus einem Tragwerk aus Eisen für die Innenwände und aus Vollmauerwerk für die Außenwände. Auf diese Weise sind zwei Stockwerke ohne tragende Innenwände entstanden – sie sind nur durch dünne Eisenstützen gegliedert. Die Geschäftsräume verfügen außerdem über einen vom Wohnbereich unabhängigen Eingang, dessen Konstruktion nun ganz aus tragendem Mauerwerk besteht, das auf der darunter liegenden Eisenkonstruktion ruht.

Für die Realisierung dieses Gebäudes stand Gaudí eine Gruppe gut geschulter katalanischer Maurer unter der Leitung von Claudi Alsina zur Verfügung, einem Bauleiter seines Vertrauens, der bereits mit ihm an der Casa Vicens und später an der Sagrada Família gearbeitet hatte.

Der Haupteingang wird vom heiligen Georg, der den Drachen tötet, überragt. Die Skulptur wurde vom Bildhauer Llorenç Matamala, einem Freund Gaudís, nach dessen Anweisungen ausgeführt. Das Gipsmodell hierzu musste er auf der Baustelle der Sagrada Família unter dem kritischen Blick des Meisters anfertigen. Anlässlich von Restaurationsarbeiten wurde 1951 die Statue des heiligen Georg entfernt; zum Vorschein kam ein Bleirohr mit den von Gaudí signierten Originalzeichnungen des Komplexes.

Linke Seite:
Ansicht des mittleren Teils der Fassade mit dem Eingangsportal, über dem die große Skulptur des heiligen Georg, der den Drachen tötet, thront

ave
maria
sens
pecat
fou

1898–1900 ▸ Casa Calvet

Carrer Casp, 48, Barcelona

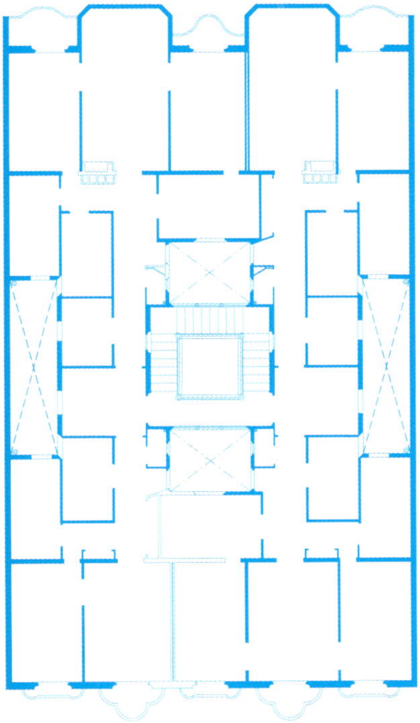

Grundriss des zweiten Obergeschosses
In der Mitte das Treppenhaus um den Fahrstuhlschacht.

Dieses Gebäude beendet einen Abschnitt in der Entwicklung von Gaudís Formensprache, den man als persönliche, nach Aussage des Architekten „begründete" Neuinterpretation historischer Stile – von der Romanik und Gotik bis zum Mudejar-Stil und Barock – definieren kann. Das ausnahmsweise in all seinen Teilen durch eine einheitliche symmetrische Ordnung strukturierte Bauwerk gibt sich als Version eines zurückhaltenden Neobarocks, der durch eine modernistische Sensibilität vermittelt wird, die sich in zahlreichen Details zeigt.

Von den Söhnen des Textilfabrikanten Pere Màrtir Calvet wurde Gaudí beauftragt, ein Haus zu bauen, das Lager- und Geschäftsräume in Keller- und Erdgeschoss, eine herrschaftliche Wohnung im ersten und sechs Mietwohnungen in den drei darüber liegenden Stockwerken beherbergen sollte. Der Architekt hielt sich streng an die Richtlinien für den Wohnungsbau, wie sie von dem Ingenieur Ildefons Cerdà in seinem 1859 entworfenen Bebauungsplan für Barcelona festgehalten worden waren. Diesen Richtlinien zufolge mussten alle Wohngebäude in die strenge Blockstruktur eingefügt werden. Die überwiegend viereckigen Grundrisse sahen innen angeordnete Treppen vor und ließen Platz für Gärten in den Innenhöfen. Wohnräume und Schlafzimmer mussten sich zu den beiden Fassaden öffnen; Badezimmer, Toiletten, Küchen und Abstellräume konnten in der Mitte des Gebäudes, in der Nähe der Belüftungsschächte oder auch der Treppenaufgänge untergebracht werden. Dieses Schema sah auch vor, dass das erste Stockwerk vollständig für eine große herrschaftliche Wohnung reserviert blieb, während die anderen Geschosse in zwei oder mehrere Wohnungen aufgeteilt wurden.

Die fünfgeschossige Casa Calvet erhebt sich an der Hauptstraße mitten im Stadtviertel Eixample. Im Erdgeschoss wird die Fassade von fünf großen Öffnungen durchbrochen; über der mittleren ragt ein kleiner, aber reich verzierter Erker hervor. Dieser hebt sich ebenso wie die in fünf Reihen übereinander angeordneten Balkone deutlich von der Frontansicht ab, die mit rustikal bearbeiteten Sandsteinblöcken verkleidet ist. Die Balkone weisen zwei unterschiedliche Formen auf: manche wölben sich auf dreipassförmigem Grundriss über einer kunstvoll behauenen Konsole weit hervor, andere kragen nur wenig aus. Alle Balkone haben robuste schmiedeeiserne Brüstungen, deren spiralförmig gewundene Stäbe in Schnecken auslaufen. Unter dem Erker oberhalb des Eingangs finden sich die Initialen des Eigentümers, eine Zypresse als Symbol der Gastfreundschaft und das Wappen Kataloniens. Die Steinskulpturen am Erker zeigen im unteren Bereich verschiedene Pilzsorten, oberhalb des Fensters das Füllhorn der Amaltheia, aus dem alle möglichen Früchte quellen.

Barock ist auch der Abschluss der Fassade mit geschwungenen Giebelaufsätzen, aus deren Wellental sich die Büsten des heiligen Genesius von Arles, des heiligen Genesius von Rom und des heiligen Petrus Martyr, Schutzpatron des Bauherrn, hinauslehnen. Die steinernen Köpfe der Märtyrer sind von einem schmiedeeisernen Strahlenkranz gekrönt. In der Mitte der Giebel öffnen sich zwei kleine Balkone mit Lastenkränen für das Einbringen der Möbel in die jeweiligen Wohnungen. Auf der Spitze der Giebelaufsätze tragen steinerne Sockel kleine Kreuze aus Schmiedeeisen.

Linke Seite:
Treppenhaus mit Aufzug und schmiedeeiserner Gittertür

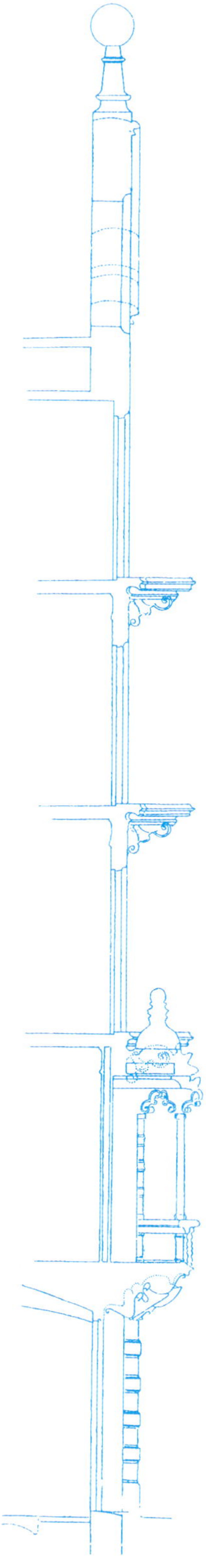

Linke Seite:
Fassade der Casa Calvet
Den Abschluss bilden barock geschwungene Giebelaufsätze.

Seitenprofil des Erkers
Zeichnung Gaudís mit Studie zur Einsetzung eines Wappens unterhalb des ersten Stockwerks.

Der Raum im Erdgeschoss, der ursprünglich als Magazin vorgesehen war, ist heute ein Restaurant.
Von Gaudí stammen die Holzwände mit Konsolen, Wappen und Rahmen.

Die beachtenswerte Rückansicht ist durch Erker und Balkone gegliedert, deren Gestalt jedoch weder beim Neobarock noch bei der Neugotik Anleihen macht, sondern eher moderne Züge trägt. Das Tragwerk ist bei diesem Gebäude mit tragenden Außenmauern aus Stein und ebensolchen Innenwänden aus Vollziegeln sehr konventionell. Die Decken der für große Lagerräume bestimmten Stockwerke ruhen auf langen Eisenträgern, während die Ziegelsteingewölbe der Wohnräume von Eisenträgern gestützt werden und mit Holzkassetten verkleidet sind.

Im Eingangsbereich fällt die ausgefeilte Gestaltung der Fahrstuhlkabine und ihrer schmiedeeisernen Gittertür auf, die von einer Balustrade aus Granit und gewundenen Säulen flankiert wird. Das Treppenhaus um den Aufzug herum hat ein Eisengeländer, das zu einem Maschenwerk aus konzentrischen und einander durchdringenden Kreisen gewirkt ist. Sehr sorgfältig ausgearbeitet sind auch die Türklopfer aus Bronze und Eisen. Gaudí selbst hat den größten Teil der Einrichtung der herrschaftlichen Hauptwohnung und der Büroräume der Eigentümer entworfen. Sein Stuhl, Sofa und Schreibtisch aus Eichenholz sind mittlerweile berühmt wegen ihrer Funktionalität, ihrer robusten Konstruktion und der kunstvollen Verarbeitung des Holzes. Im Erdgeschoss sind noch einige Trennwände aus Holz und Glas erhalten, die heute auf elegante Weise den Speiseraum eines Restaurants abgrenzen.

Im Juni 1900 wurde das Gebäude von der Stadtverwaltung Barcelonas mit dem ersten Preis für das wertvollste, originellste, funktionalste und technologisch modernste in diesem Jahr in der Stadt errichtete Bauwerk ausgezeichnet. Gaudí hatte viel Energie in die Ausarbeitung jedes einzelnen Details investiert. Auch hier hatte er sich von grundsätzlichen Erwägungen über die angestrebten Ergebnisse leiten lassen, die er nicht nur durch zahlreiche Zeichnungen, sondern mithilfe von Gipsmodellen konkretisierte, die er nach und nach abänderte und denen er schließlich auf der Baustelle selbst den letzten Schliff gab.

1898–1915 ▸ Cripta de la Colònia Güell

Santa Coloma de Cervelló (Barcelona)

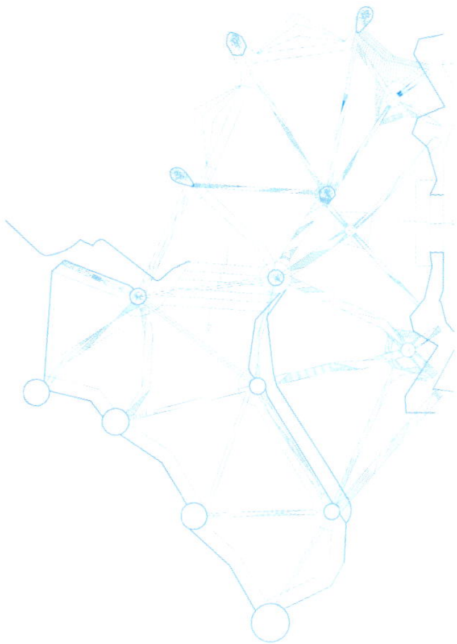

Grundriss der Säulenhalle vor dem Eingang der Krypta mit Teilen der Deckenkonstruktion und Stützpfeilern

Die Krypta der Kirche der Colònia Güell in Santa Coloma de Cervelló bei Barcelona gilt zu Recht als ein Meisterwerk Gaudís. Im Auftrag des Grafen Güell begann er 1898 mit dem Entwurf für eine Kirche, die auf einem Hügel am Rand von Santa Coloma entstehen sollte, wo Güell bereits von dem befreundeten Architekten Francesc Berenguer eine Arbeitersiedlung für seine Textilfabrik hatte errichten lassen. Gaudí schwebte anfänglich eine freie Variation der Grabeskirche in Jerusalem vor, ein Thema, das ihn zeitlebens beschäftigte, jedoch nicht zur Umsetzung gelangte.

Für die Arbeit an seinen Entwürfen wendete er zum ersten Mal eine Methode an, die ihn berühmt machen sollte: Er entwickelte ein an Schnüren von der Decke herabhängendes Modell. Außerdem wollte er an der weitgehend unvollendet gebliebenen Kirche ausgetüftelte statisch-strukturelle Geometrien und entsprechende Ausführungstechniken erproben, wie sie später in größerem Maßstab beim Bau der Sagrada Família zur Anwendung kommen sollten.

Auf einem Grundriss, dessen unregelmäßige ovale Form am ehesten an eine Ellipse erinnert, sollte eine Kirche mit unterschiedlich hohen Türmen entstehen, die einen zentralen, mehr oder weniger zylindrischen Baukörper überragen. Für diesen Komplex wollte Gaudí eine tragende Struktur entwerfen, die es erlaubte, auf den in der gotischen Architektur üblichen Einsatz von Stützpfeilern und Strebebögen zu verzichten. Zu diesem Zweck nahm er selbsttragende Schalenformen, wie sie in der Natur vielfach vorkommen, zum Vorbild. Um eine solche Struktur und ihre statischen Eigenschaften zu studieren, fertigte er ein Modell in Form eines Netzes aus Hanfschnüren an. Er befestigte es an der Decke einer Bauhütte und hängte kleine Säckchen mit Blei daran. Von diesem stereostatischen Modell, das inzwischen von vielen Fachleuten rekonstruiert worden ist, existiert nur ein Foto, das in einem Band des Architekten Josep Francesc Ràfols i Fontanals aus dem Jahr 1929 abgebildet ist.

Mit der Schnuraufhängung stellte Gaudí das Ensemble der Parabelbögen nach, mit denen er die Säulen und Bögen der Kirche im Maßstab 1:10 errechnen konnte. Zwischen den Bögen befestigte Leinenstücke simulierten Wände und Gewölbe. Die Säckchen verkörperten proportional Gewicht und Lage der auf die Struktur einwirkenden Lasten. Auf den Kopf gestellt hätte das Modell ein architektonisches Gerüst gezeigt, das aus selbsttragenden Elementen bestand, die ein durchgehendes System aus Pfeilern und Rippen bildeten. Entsprechend verfuhr Gaudí, indem er das Modell fotografierte und auf dem umgedrehten Foto solange zeichnete und kolorierte, bis ein erstes zusammenhänges Bild der projektierten Kirche entstand.

Überliefert sind etliche solcher Studien vom Äußeren wie vom Inneren des Gebäudes, die seine ungefähr ein Jahrzehnt währenden Überlegungen aber nur bruchstückhaft dokumentieren. Unterstützt wurde er bei seinen Versuchen von dem befreundeten Architekten Francesc Berenguer, dem Ingenieur Eduardo Goetz und dem Architekten Josep Canaleta.

Die Krypta, der einzige – zwischen 1908 und 1915 – fertig gestellte Teil der Kirche, ist die Basis für die Verankerung des Gebäudes im Boden. Ihre organischen Formen

Linke Seite:

Farbige Bleiglasfenster der Krypta, die sich aus Blumenblüten oder Schmetterlingsflügeln ähnelnden Elementen zusammensetzen

Foto des stereometrischen Modells der Kirche, das von Gaudí retuschiert wurde, um die plastische Form des Gebäudes herauszuarbeiten

passen sich mimetisch der Umgebung an, was durch eine Natursteinfassade betont wird, die in ihrem Aussehen der Pinienrinde ähnelt. Die Anlage ist darüber hinaus zur Hälfte in das Gefälle des hügeligen Geländes eingelassen. Der Krypta vorgelagert und völlig offen ist die Säulenhalle, die durch ganz unterschiedliche Stützen gegliedert wird. Darunter befinden sich solche, die aus einem einzigen Steinblock geschlagen wurden, und andere, die aus Ziegeln gemauert sind. Ihre unterschiedlichen Neigungswinkel sind auf das Gesamtprofil der Kettenbogenkonstruktion abgestimmt. Das Deckengewölbe der Vorhalle, das durch die sich von den Säulen aus verzweigenden Bögen strukturiert wird, nimmt die Aststruktur der Bäume auf.

Das Innere der Krypta umfängt den Besucher mit einem vibrierenden Halbdunkel. Es besteht aus einem großen zentralen Raum mit Deambulatorium, der zugleich geheimnisvoll und vorzeitlich wirkt, und von Backsteinwänden und geneigten Säulen begrenzt wird. Durch 22 bunte Bleiglasfenster dringt Licht in die Krypta; ihre Muster erinnern an Blütenblätter oder Schmetterlingsflügel.

Wände, Pfeiler, Rippenbögen und Gewölbe bestehen entweder aus roh behauenen Steinblöcken oder aus Ziegelsteinen, die nach katalanischer Bauart hochkant geschichtet sind. Vier der schrägen Stützpfeiler sind aus roh behauenen Basaltblöcken gearbeitet, die jeweils Basis, Schaft und Kapitell bilden.

Das Presbyterium ist nur verändert erhalten geblieben. In dem dunklen Umgang hinter dem Gottesdienstbereich sollte ursprünglich das Heilige Grab nach dem Jerusalemer Vorbild auf einer um 18 Stufen gegenüber dem Presbyterium erhöhten Ebene untergebracht werden.

Die Harmonie der Formen, die noch das kleinste Detail des Weihwasserbeckens oder der Kniebank bestimmt, die expressive Ausdruckskraft der Strukturen, die atmosphärische Beschwörung einer vorzeitlichen und doch zutiefst christlichen Welt, die Vielfalt der Dekorationen und der Farbgebung, aber auch der geometrisch-konstruktiven Lösungen – all das macht aus diesem Bauwerk trotz seiner bescheidenen Ausmaße das vielleicht erstaunlichste Zeugnis des poetisch-erfinderischen Genies des Architekten.

Die Krypta während der Bauarbeiten

Rechte Seite:
Auf dem Kopf stehendes Modell aus Schnüren und Gewichten zur Berechnung der statischen Verhältnisse im Inneren der Kirche

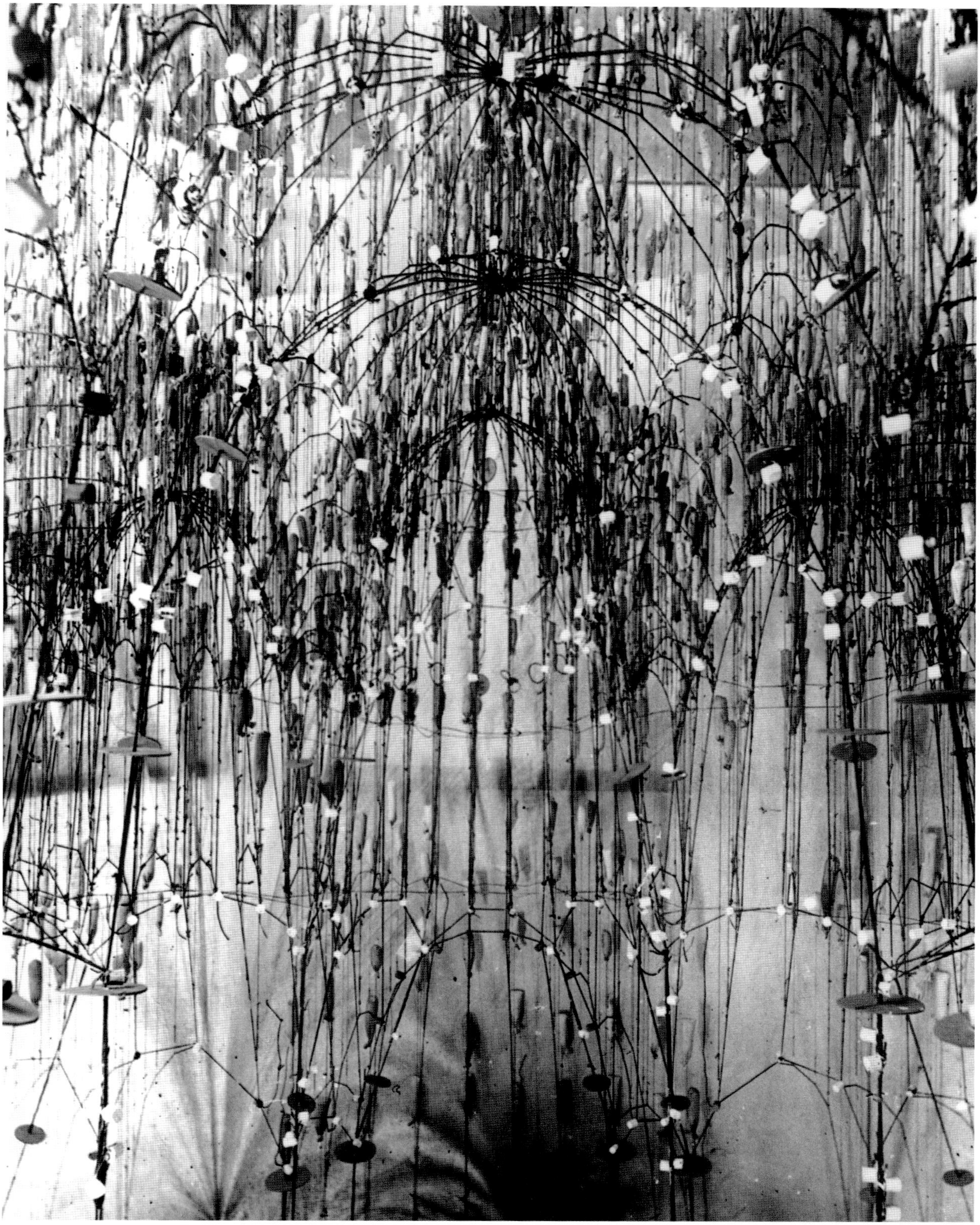

Inneres der Krypta mit Blick auf Presbyterium und Altar
Im Vordergrund die schrägen Stützen aus drei roh behauenen Steinblöcken; im Hintergrund sind die dicht nebeneinander angeordneten Rippen des Gewölbes aus Ziegelstein zu erkennen.

Die Säulenhalle vor dem Eingang der Krypta mit den schrägen Stützen und den sich verzweigenden Bogen des Gewölbes

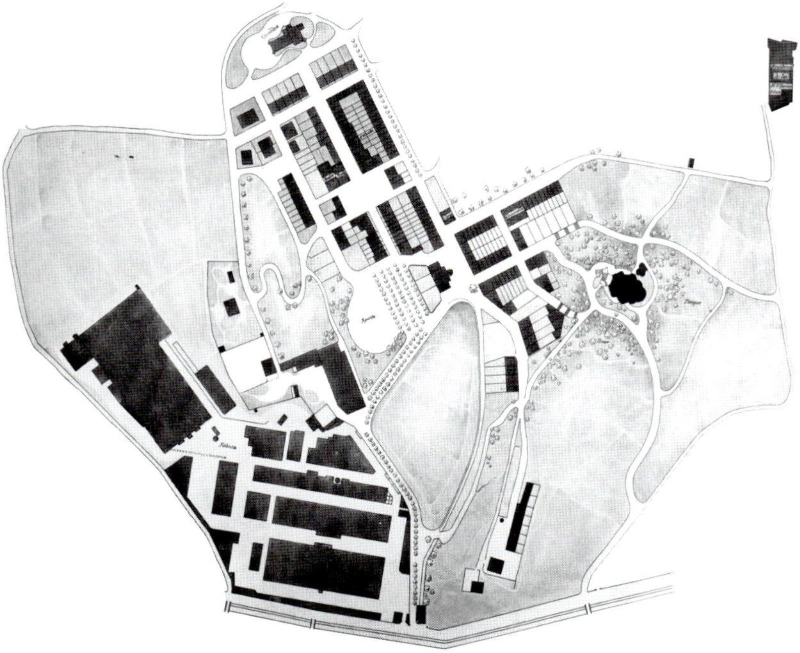

Außenansicht der Krypta
Im Vordergrund die Säulenhalle, im Hintergrund Teile des Mauerwerks der unvollendet gebliebenen Konstruktion.

Grundriss der Arbeitersiedlung Colònia Güell
Die Kirche befindet sich auf einem kleinen Hügel abseits der Arbeiterhäuser und der Fabriken.

1900–1905 ▸ Villa Bellesguard

Carrer Bellesguard, 16, Barcelona

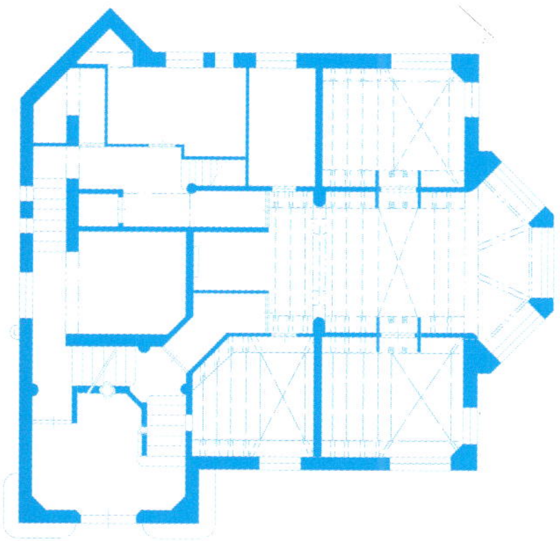

Grundriss des Erdgeschosses
Über der vorkragenden Eingangshalle erhebt sich der Aussichtsturm.

Linke Seite:
Die Villa vom Garten aus gesehen
Hinter dem neugotisch inspirierten Zinnenkranz erhebt sich das pyramidenförmige Dach. Im Hintergrund der hohe Aussichtsturm mit dem Kreuz, dessen gleich lange Arme in die vier Himmelsrichtungen zeigen.

Das Gebäude wurde nach Gaudís neugotischen Entwürfen unter Einbeziehung der Überreste eines mittelalterlichen Palasts errichtet. Er war Sitz von Martín I, el Humano, des letzten, 1410 gestorbenen Königs der katalanischen Dynastie. Die schöne Aussicht, die man von der Residenz aus genießen kann, spiegelt sich in dem Namen Bellesguard, den sie von dem Poeten und Sekretär bei Hofe, Bernat Metge, erhalten hat. Der König persönlich hatte den Garten mit allen Blumen und Bäumen, die in seinem Reich wuchsen, bepflanzen lassen. Grundstück und Ruine waren in den Besitz des Bischofs von Astorga übergegangen und nach dessen Tod 1887 von der Witwe eines Lebensmittelhändlers, Maria Sagués, mit Gaudís Hilfe erworben worden, der für sie den Kaufvertrag unterschrieb und in ihrem Auftrag einen Wohnsitz errichtete.

Die Erinnerung an die ruhmreiche Ära des katalanischen Mittelalters und die legendäre Milde von König Martín, aber auch die Schönheit des weit vom Stadtzentrum gelegenen Ortes regten Gaudí dazu an, hier seine Vorstellung einer zivilen katalanischen Gotik fern von der Strenge des Col·legi de les Teresianes zu verwirklichen.

Die Villa besteht aus einem vertikal ausgerichteten Baukörper auf quadratischem Grundriss mit Souterrain, Erdgeschoss, repräsentativem Hauptgeschoss und einem stark geneigtem Dach. An der westlichen Ecke erhebt sich ein schlanker Aussichtsturm mit einem Kreuz, dessen gleich lange Arme in die vier Himmelsrichtungen zeigen und mit einem Mosaik aus Buntgläsern dekoriert sind. Die Fassaden sind mit Schiefergestein unterschiedlicher Färbung verkleidet, das an Ort und Stelle vorhanden war.

Die unterschiedlich geformten Türen und Fenster sind mit Hausteinblöcken in geometrischen Mustern oder mit reliefartigen Profilen aus einer Reihe lokaler Steinsorten eingefasst. Diese Materialien wurden auch für die Verkleidung der Spiralsäulen der Galerie im ersten Dachgeschoss verwendet. Die kostbare Eingangstür aus Schmiedeeisen trägt die Aufschrift „Ave Maria puríssima, sens pecat fou concebuda“ (Gegrüßet seist du Maria, die Makellose, die ohne Sünde empfangen wurde).

Für die Konstruktion setzte Gaudí wieder ein Tragwerk aus Vollziegeln ein, die auch für die Decken verwendet wurden. Lediglich einige Wirtschaftsräume wurden mit traditionellen Querbalken überdacht. Die Räume der beiden bewohnbaren Geschosse hingegen sind überwölbt, wobei die Gewölbe des unteren Geschosses aus Flachziegeln bestehen, die nach traditioneller katalanischer Technik hochkant übereinander geschichtet wurden.

Am meisten überrascht der „desván“, das erste Dachgeschoss. Hier besteht jedes tragende Element aus Ziegelsteinen, deren gut lesbare strukturelle Anordnung zugleich eine große ornamentale Wirkung entfaltet. Der viereckige Raum ist durch keinerlei Innenwände unterteilt, sondern wird durch acht Stützen gegliedert, auf denen ein System von Bögen ruht, das wiederum das zweite Dachgeschoss und teilweise das Gewicht des Daches trägt. Den Nischen entlang der Außenmauern kommt ebenfalls die Aufgabe zu, die Deckenbögen zu stützen, auf denen die Dachschrägen ruhen. Außerdem schaffen sie Platz sowohl für einen schmalen, um das Dach laufenden Rundgang als auch für die Öffnungen, durch die das Dachgeschoss belüftet und be-

Blick auf die Rippenstruktur der Decke

Rechte Seite:
Die Eingangshalle mit den beiden kurzen Treppen und den Säulen, deren Kapitelle entfernt an die Neogotik erinnern

leuchtet wird. Offene Räume im obersten Geschoss, die für die Luftzirkulation nützlich und vermutlich bäuerlicher Herkunft sind, waren zu Gaudís Zeiten auf der Iberischen Halbinsel noch sehr verbreitet.

Gaudí beendete seine Tätigkeit auf der Baustelle 1903 und vertraute dem befreundeten Architekten Domènech Sugranyes die Vollendung der Dekoration an. Von Sugranyes stammen insbesondere die Sitzgelegenheiten mit Keramikverzierungen beiderseits des Eingangs sowie Lampe, Geländer und Keramikornamente im Treppenhaus. Außerdem fügte er später einige neue Bauten hinzu: die überdachten Säulengänge und das Pförtnerhäuschen. Auf Gaudí hingegen gehen hinsichtlich der gestalterischen Details die mithilfe des Architekten Joan Rubió i Bellver bewerkstelligte Einbeziehung der mittelalterlichen Mauern sowie eine kleine Brücke im Garten zurück.

1900–1914 ▸ Park Güell

Carrer Olot, Barcelona

Nach der Rückkehr von einer seiner vielen Englandreisen, wo er Gelegenheit hatte, die lebhaften Debatten um die aufkommenden Landschaftsgärten und ihre integrative Funktion beim Ausgleich von Landleben und Stadtkultur zu verfolgen, begeisterte sich Eusebi Güell für die Idee, einen solchen Park für das katalanische Bürgertum auf einem seiner Gelände am Stadtrand von Barcelona zu realisieren. In England waren die ersten Gartenstädte für Arbeitersiedlungen entstanden. Die von Ebenezer Howard angelegte Siedlung in Letchworth öffnete 1902 ihre Tore.

Doch Eusebi Güell, der mit der Colònia Güell bereits etwas Vergleichbares auf den Weg gebracht hatte, ging es jetzt darum, das Interesse der Barceloneser Bürger für eine Form der Urbanisierung zu wecken, die der verdichteten Anlage des Ensanche-Viertels völlig entgegengesetzt war. Er stellte sich unter seiner Gartenstadt eher ein luxuriöses, privates Viertel vor, das durch eine hohe Umfassungsmauer geschützt und nur durch wenige bewachte Eingänge zugänglich sein sollte. Außerdem wollte er die Wohnhäuser in einem Park nach dem Vorbild französischer Anlagen des 17. Jahrhunderts, die er in seiner Jugend kennen gelernt hatte, ansiedeln.

Er bat Gaudí 1900 um einen Grundplan für eine Gartenstadt auf seinem 15 Hektar großen Besitz am Hang der Muntanya Pelada. Der kahle, bergige Hügel, dessen Name an seine vollständige Abholzung erinnert, verläuft parallel zur Serra de Collserola und wird den ganzen Tag von der Sonne beschienen. Von der Kuppe sieht man das Meer, das Hinterland und die Stadt.

Gaudí schlug vor, den zentralen Bereich des verfügbaren Geländes in 60 Parzellen aufzuteilen, die jeweils zu einem Drittel ihrer Fläche, das heißt 1100–1200 m^2, bebaut werden sollten. Sowohl für die Errichtung der Wohngebäude als auch für das Leben der Parkbewohner sollten genaue Richtlinien erlassen werden. Eusebi Güell schrieb die Parzellen zum Verkauf aus, nachdem er Vorkehrungen für die Infrastruktur und für den Ausbau der Parkanlage getroffen hatte. Diese betrafen die elektrischen Leitungen, die nächtliche Beleuchtung des Parks und seiner Wege, die Wasserversorgung, Kanalisation sowie den Anschluss an das Telefonnetz. Der größte Teil des Geländes wurde für den weitläufigen Park reserviert, der mit den notwendigen öffentlichen Einrichtungen ausgestattet wurde: einem Marktplatz, einem Wasserspeicher, einem großen Platz für sportliche Aktivitäten und kulturelle Veranstaltungen sowie einer Kirche.

Güells und Gaudís Vision einer Gartenstadt stieß bei den Barceloneser Bürgern auf wenig Gegenliebe. Ganze zwei Parzellen wurden verkauft, von denen eine der Architekt selbst erwarb, um den Prototyp eines Wohnhauses zu realisieren. Man führte das Scheitern des Projekts sowohl auf die viel zu restriktiven Bauverordnungen und Verwaltungsvorschriften zurück als auch auf das generelle Desinteresse des Bürgertums, das damit beschäftigt war, Stadtpaläste im Eixample-Viertel zu errichten. Dennoch zog der Park sofort Gruppen und Vereine an, die dort Veranstaltungen und Treffen im Freien abhielten. Bevor 1906 der überdachte Marktplatz geschlossen wurde, fand dort der erste Kongress zur Geschichte der katalanischen Sprache statt. Gaudí engagierte sich zu diesem Zeitpunkt zusammen mit Eusebi Güell in vielen Bewegun-

Freitreppe am Parkeingang, die direkt zum dorischen Tempel, auch Marktplatz genannt, führt

Der mehrfarbige Leguan in der bepflanzten Mittelachse der Treppe ist wahrscheinlich eine Anspielung auf Python.

Foto des Parks von 1915
Links im Bild ist das griechische Theater mit der noch im Bau befindlichen Sitzbank zu sehen. Die noch jungen Pflanzen verdecken weder Gaudís Bauten noch die schon vorhandenen Gebäude in Parknähe.

gen für die katalanische Autonomie. Bewohnt wurde der Park Güell lediglich von dem Anwalt Trias und seinen Nachkommen, ab 1906 von Gaudí, seinem Vater und seiner Nichte und von Güell selbst, der von 1906 bis zu seinem Tod 1922 ein schon vorhandenes, von Gaudí entsprechend umgestaltetes Haus bezog. 1923 vermachte Güells Sohn die Anlage der Stadt Barcelona, die daraus einen öffentlichen Park machte.

An der Entstehung des Parks haben einige mit Gaudí befreundete Architekten mitgewirkt, insbesondere Jujol und Berenguer, vielleicht auch Rubió. Seither wurde mehrfach in den Komplex eingegriffen. Der Verein Associació Amics de Gaudí kaufte 1963 das Haus des Architekten und verwandelte es in ein Museum. 1969 wurde der Park zum nationalen Denkmal erklärt und 1984 von der UNESCO in die Liste der Weltkulturgüter aufgenommen. Etliche Teile wurden 1987 von den Architekten Elies Torres i Tur und Josep Antoni Martínez i Lapeña restauriert.

Der Park zeugt von Gaudís Begabung als Landschaftsgestalter ebenso wie von seinen botanischen Kenntnissen, die er sich schon während seines Studiums angeeignet hatte. Damals hatte er im Nebenfach Naturwissenschaften belegt und nebenbei für Josep Fontseré i Mestres gearbeitet, der in jenen Jahren mit der Realisierung der Ciutadella, des ersten städtischen Parks Barcelonas beauftragt war. Fontserès Lösung steht in der Tradition des romantischen Parks. Er verband diese mit dem mediterranen Naturalismus, wie er auch im Garten des Laberint d'Horta aus dem ausgehenden 18. Jahrhundert exemplarisch in Barcelona zu finden ist.

Auch Gaudí wollte seiner romantischen Linie treu bleiben und ihr zugleich einen eigenwilligen mediterran-naturalistischen Akzent verleihen. Er kannte sich in der mediterranen ebenso wie in der subtropischen Flora und landwirtschaftlichen Nutzung aus. Außerdem verfügte er über eine große Sensibilität bei der Vermittlung zwischen Natur und Architektur, wie sich nicht nur im Park Güell und in den ihm erst kürzlich zugeschriebenen Jardins Artigas in La Pobla de Lillet zeigte, sondern auch in den Gartenentwürfen für Wohnhäuser in und außerhalb der Stadt und nicht zuletzt in dem Einfallsreichtum, mit dem er Naturformen übertrug. Das gilt für die Formen der Kettengewölbe, die er an Blättern oder an Baumrinden entdeckt hatte, ebenso wie für die

Einbindung der Krypta der Colònia Güell in die umgebende Natur. Und schließlich gehören in diesen Zusammenhang auch der steinerne Garten, der die Fassade der Geburt an der Sagrada Família mit katalanischer Flora überzieht.

Am Park Güell trat Gaudís Talent in mehrfacher Hinsicht beispielhaft zutage. Zunächst fällt der komplexe Verlauf der Wege ins Auge, die er in solche für Fußgänger und solche für Fahrzeuge unterteilte und entlang der Höhenlinien des überwiegend kahlen und steinigen Geländes führte, um nicht unnötig Erde aufschütten zu müssen. Er behalf sich, indem er Terrassen und Viadukte anlegte, auf denen die Wegstrecke im Leeren zu schweben scheint. Die rigorose Unterwerfung an die vom Standort vorgegebene Struktur reizte ihn, Höhlenwege im Stil natürlicher Grotten anzulegen und mit schrägen, spiralförmig gewundenen oder anthropomorphen Stützpfeilern abzusichern. Die dürftige Vegetation der weitgehend unbebauten Areale bereicherte er mit Pinien, Eichen, Palmen und Johannisbrotbäumen; Ginster, Rosmarin, Thymian, Jasmin und Glyzinien ließ er frei wuchern.

Die Wege durch den Park zweigen von zwei Hauptpromenaden ab. Eine führt den Fußgänger vom Eingang aus über eine Freitreppe direkt zum überdachten Marktplatz des dorischen Tempels und von dort zum höher gelegenen Platz des griechischen

Grundriss der gesamten Parkanlage

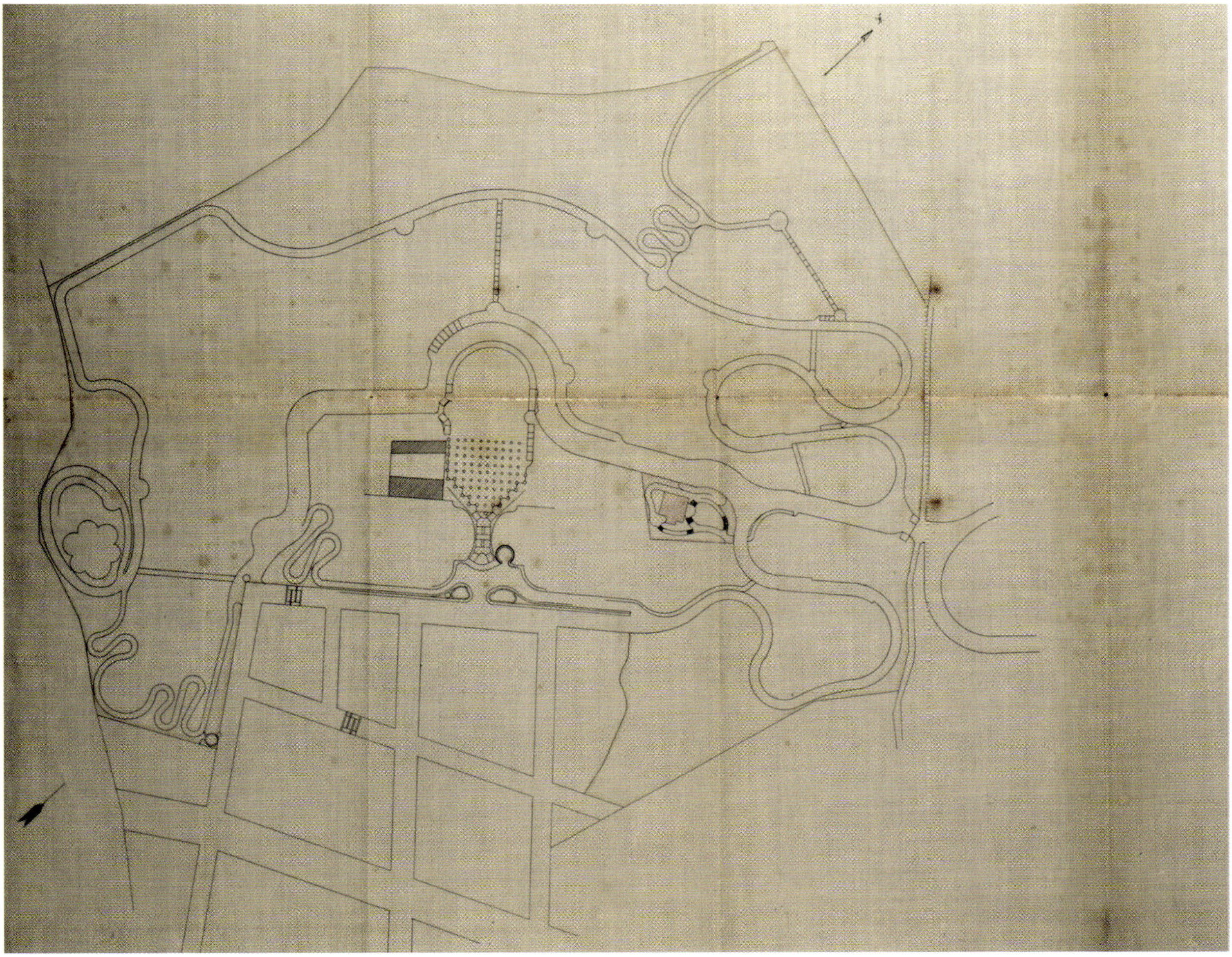

Spaziergänger in einem der Säulengänge, um 1904

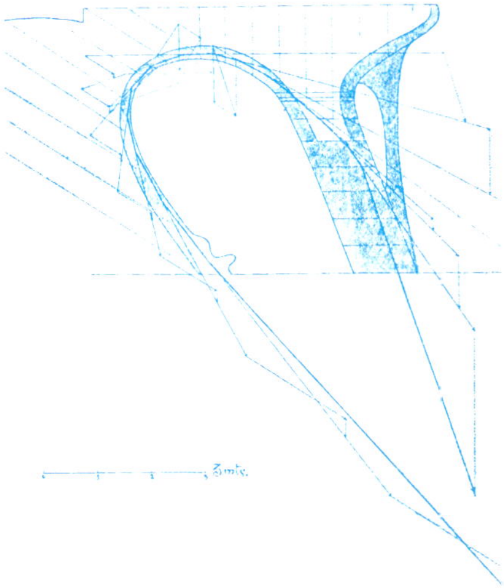

Oben rechts:

Graphische Analyse der Statik eines Säulengangs unter einem der Viadukte des Parks

Der Entwurf war möglicherweise für die Pariser Ausstellung von 1910 (Kat.-Nr. 38.5) vorgesehen.

Theaters. Auf diese Weise wird sehr schnell ein Höhenunterschied von 17 Metern überwunden. Ein weiterer Weg zieht sich vom Eingang ringförmig zur oberen Seite des Parks. Von hier aus kann man über lange, steile Treppen zu Fuß zum Platz des griechischen Theaters gelangen. Einer der beiden Arme des Wegs umrundet den Kalvarienberg, den höchsten Punkt des Parks. Die Länge der Wege beläuft sich insgesamt auf 30 Kilometer; zwischen den Viadukten über den Fußgängerwegen gibt es drei Brücken.

1903 begannen die Bauarbeiten an den beiden Gebäuden, die den Eingang flankieren, an der Freitreppe, unter der eine große Garage angelegt wurde, an dem dorischen Tempel mit dem Wasserspeicher und dem großen Platz des griechischen Theaters auf dessen Dach. 1906 wurde der dorische Tempel vollendet, 1914 die sich um den Platz des griechischen Theaters schlängelnde Parkbank.

Das Tor des Haupteingangs war eine einfache Konstruktion aus Holz, bis sie 1965 durch ein schmiedeeisernes Gitter mit den Palmenmotiven der Casa Vicens ersetzt wurde. Die 3,8 Meter hohe Umfassungsmauer ist in der unteren Hälfte mit unregelmäßigen, leicht konkav auslaufenden Steinen verkleidet, der obere Teil besteht aus einer Schicht roh behauener, spitzer Blöcke und einem kielförmigen, etwa einen Meter hohen Dach, das mit gebrochenen Keramikfliesen verkleidet ist. Dieser glatte und rutschige Überzug wird von großen Medaillons aus Keramikfragmenten unterbrochen, die abwechselnd die Aufschriften „Park" und „Güell" tragen. Auf der höher gelegenen Ebene des Parks, die man über eine Treppe erreicht, wurde die Mauer für eine Wagendurchfahrt und einen Nebeneingang unterbrochen.

Die Gebäude zu beiden Seiten des Haupteingangs, ein Pförtnerhaus und ein Bürohaus für die Parkangestellten, sind mit dem gleichen rustikalen, ockerfarbenen Natur-

Rechte Seite:

Parkwege mit zwei Ebenen

Ihre Formen werden von grob behauenen Steinen bestimmt, die sich gut in die mediterrane Vegetation einfügen.

Mosaikmedaillon aus farbigen Keramik- und Glasscherben auf grünem Untergrund an der Decke des dorischen Tempels

Detail der Säulenhalle

stein verkleidet wie die Umfassungsmauer. Ihre märchenhafte Erscheinung spricht dafür, dass Gaudí sich von Engelbert Humperdincks Oper „Hänsel und Gretel" inspirieren ließ, die damals im Liceu-Theater von Barcelona aufgeführt wurde.

Wer den Park betritt, sieht sich einer keramikverkleideten, in allen Farben schillernden Freitreppe gegenüber, die sich in zwei symmetrische Rampen gabelt und in drei Treppenläufe unterteilt ist. Zwischen den beiden Rampen hat Gaudí Rastplätze mit Figuren und Brunnen angelegt, die das unterirdisch herabfließende Wasser an die Oberfläche bringen. Das unterste Becken gleicht einem japanischen Garten en miniature. Den mittleren Brunnen schmückt das katalanische Wappen, das in ein Medaillon eingefügt ist, aus dem ein geheimnisvolles Reptil hervorlugt. Der dritte Brunnen wird von einem Wasser spuckenden Leguan beherrscht, der Python, den Wächter der unterirdischen Gewässer, darstellt. Das Wasser kommt hier direkt aus dem unterirdischen Speicher, einem großen, von Säulen und mächtigen Bögen getragenen Bau, der 1200 Kubikmeter Wasser fassen kann.

Der eindrucksvolle, so genannte Marktplatz oder dorische Tempel besteht aus 86 mächtigen dorischen Säulen. Sie tragen eine Decke, die aus kleinen, auf leicht gebogenen Trägern gestützten Flachkuppeln besteht. Für die Tempeldecke griff Gaudí auf ein System von Fertigbauteilen aus Backsteinen zurück, die hinter der Verkleidung aus gestampftem Lehm verschwinden. Das Ganze ist mit weißer Keramik verkleidet, die durch das Spiel der Lichtreflexe und die leichte Neigung mancher Säulen den Eindruck einer unmerklichen Wellenbewegung hervorruft, wie sie sich bei ruhigem Meeresspiegel beobachten lässt. Von der Keramikhaut setzen sich bunte, mit Schlangenmustern besetzte Medaillons ab, ebenfalls aus Keramik und Kristallen. Seitlich des

Schlangenförmige, um das griechische Theater herumlaufende Sitzbank auf dem dorischen Tempel
An der Fertigstellung der vollständig mit Keramikscherben verkleideten Bank war vor allem der Architekt Josep Maria Jujol, ein Mitarbeiter Gaudís, beteiligt.

Tempels sprudelt aus einer Quelle Mineralwasser, das Eusebi Güell unter seinem Namen in den Handel brachte.

Der darüber liegende Platz des griechischen Theaters aus gestampftem Lehm wird von einer langen, durchgehenden Parkbank begrenzt, die mit Trencadís-Keramik verziert ist. Ihr geschlängelter Verlauf bildet immer wieder Nischen, die auch kleineren Gruppen einen Rastplatz bieten. Ihr äußeres Profil grenzt an das Gebälk des darunter liegenden dorischen Tempels, dessen Wasserspeier die Form von Löwenköpfen aufweisen. Die Dekoration der schlangenförmigen Parkbank ist wegen ihrer Vorwegnahme expressiver Ausdrucksformen von Künstlern wie Miró, Picasso oder Braque viel gerühmt worden. Ein Teil der von Gaudí selbst eingefügten katalanischen und religiösen Symbole ist allerdings bei den Restaurationsarbeiten 1989 verloren gegangen.

Oben links:
Gaudís eigenes Haus im Park

Oben rechts:
Das Bürogebäude am Eingang des Parks
Der hohe Turm mit dem Kreuz dient den Parkbesuchern als Orientierungspunkt.

Rechte Seite:
Detail des Dachs vom Pförtnerhaus am Eingang des Parks

1903–1914 ▸ Catedral de Mallorca

Palma de Mallorca, Mallorca

Gegen Ende des 19. Jahrhunderts verfolgte Pere Campins i Barceló, Bischof von Mallorca, mit großer Aufmerksamkeit eine in katholischen und insbesondere klösterlichen Kreisen aufkommende Bewegung zur Reform der liturgischen Feier. Seine Sorge galt vor allem dem Umstand, dass ein großer steinerner Chor für die Kanoniker des Domkapitels in seiner Kirche den Gläubigen, die sich im Mittelschiff und in den Seitenschiffen versammelten, den freien Blick zum Altar und zum Presbyterium verwehrte.

Gaudís Entwurf sah vor, den Chor aus dem Mittelschiff zu entfernen und die Ornamente für die Wände der Apsis wieder zu verwenden. Auch die beiden großen Altaraufsätze gotischer und barocker Provenienz sollten demontiert werden. Er öffnete zudem auch die großen Fenster der königlichen Kapelle, schlug einen neuen Hauptaltar vor, verschob den Chor ans Ende des Presbyteriums und verlegte die beiden königlichen Grabmäler von Jaime II und Jaime III de Mallorca in die Kapelle der Dreifaltigkeit. Das ambitionierte Projekt umfasste auch neue Buntglasfenster und kostbare Ausstattungselemente an verschiedenen Stellen in der Kathedrale.

Nicht alle Vorschläge Gaudís wurden ausgeführt. Aufgrund von Meinungsverschiedenheiten und Schwierigkeiten mit dem Domkapitel gingen die Arbeiten schleppend voran und wurden 1914 unterbrochen. Gaudí hatte bereits einige Jahre zuvor die Baustelle verlassen, um sich ganz der Sagrada Família zu widmen.

Mithilfe lokaler Handwerker und einiger treuer Mitarbeiter, insbesondere Jujols, baute Gaudí den Chor und andere ältere Bestandteile ab und ordnete sie um den von ihm konzipierten Altar im Presbyterium neu an. Unter den vollendeten Erneuerungen ragen der Baldachin-Kronleuchter mit den vielen symbolischen Figuren in der Mitte des Presbyteriums sowie die Fenster der königlichen Kapelle mit der Anrufung der Jungfrau von Loreto hervor. Hier gelangen ihm überraschend moderne Effekte durch die Verwendung von übereinander geschichtetem Glas mit abstrakten Mustern.

Unten links:
Altarstaffel aus Holz und Schmiedeeisen, nach einem Entwurf von Gaudí

Unten rechts:
Leuchterkranz an einem der polygonalen Pfeiler der Kathedrale, nach einem Entwurf von Gaudí

Linke Seite:
Das Innere der Kathedrale mit Blick auf das Presbyterium
Im Vordergrund der als einfache Mensa gestaltete Hauptaltar mit darüber schwebendem Baldachin, beide von Gaudí entworfen.

1904–1906 ▸ Casa Batlló

Passeig de Gràcia, 43, Barcelona

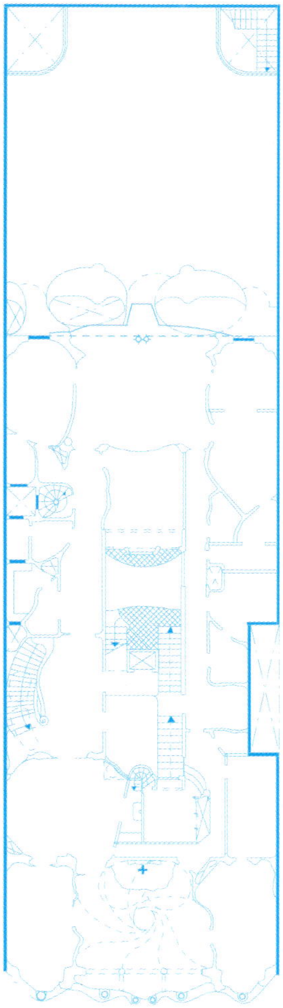

Grundriss des ersten Obergeschosses
In der Mitte befindet sich der Patio mit Treppen und Fahrstühlen. Das Gebäude erstreckt sich über eine schmale und tiefe Parzelle zwischen zwei Wohnhäusern.

Linke Seite:
Die Fassade von der Straße aus gesehen

1904 erhielten Gaudí und sein Freund, der Impresario Josep Bayó i Font, der auch am Bau der Casa Milà beteiligt war, von Josep Batlló i Casanovas den Auftrag, ein Gebäude von bescheidenen Ausmaßen auf einer rechteckigen Parzelle am Passeig de Gràcia, der damaligen Hauptverkehrsader der Stadt, umzubauen. Am Passeig de Gràcia entstanden in diesen Jahren die meisten Bauwerke der bedeutendsten katalanischen Architekten des Modernisme. Auf dem Nachbargrundstück war bereits die Casa Amatller mit dem weithin sichtbaren Stufengiebel nach dem Entwurf von Josep Puig i Cadafalch, einem auch als Architekturhistoriker international bekannten Architekten, errichtet worden.

Gaudí erweiterte das Untergeschoss und ergänzte die Konstruktion um ein fünftes Obergeschoss für die Wohnungen des Personals. Die Beletage, in der das Appartment der Familie Batlló untergebracht werden sollte, gestaltete er völlig um, während er in den anderen Stockwerken den vorgegebenen Grundriss beibehielt. Der zentrale überdachte Innenhof wurde mit Blick auf eine bessere Belichtung der dorthin ausgerichteten Räume vergrößert und umgebaut. Außerdem erhielt das Gebäude neue Fassaden und ein neues Dach.

Das Erdgeschoss und das erste Obergeschoss der viel bewunderten Fassade sind aus grauem Sandstein mit Pflanzenmotiven modelliert. Sechs wuchtige Stützen, die durch fünf Bögen miteinander verbunden sind, bilden eine ausladende Basis für die Beletage. Ihre konkav-konvexe Form erinnert an Knochengebilde, die den Eindruck von Festigkeit und Stabilität verstärken. Oberhalb der ersten beiden Stockwerke sorgt die Verkleidung mit Glaskeramik für eine leichte Wellenbewegung und ein buntes Schillern der Fassade. Für das Mosaik wurden unter Aufsicht des Architekten etwa 200 Keramikscheiben in drei verschiedenen Größen und Stärken auf einem Untergrund von Keramiksplittern angebracht. Die vorherrschende Farbe ist ein diffuses Grünblau, das je nach Tageslicht variiert. Seine Leichtigkeit und Unregelmäßigkeit erfährt eine angenehme Brechung durch den gleichmäßigen Rhythmus der Fenster und der strengen gusseisernen Balkonbrüstungen in Form von Masken.

Der wellige Charakter dieser Fassade fällt im Verhältnis zur angrenzenden Casa Amatller besonders ins Auge und lässt den Turm, der ebenfalls mit Keramikscheiben und -splittern überzogen ist, umso deutlicher hervortreten. Zunächst hatte Gaudí den Turm in der Mitte der Fassade platzieren wollen, dort, wo sich heute ein zierlicher Balkon aus Schmiedeeisen mit einem Lastkran hervorwölbt, mit dem die Möbel in die jeweiligen Stockwerke befördert werden können. Durch die Verschiebung an die Seite konnte er mittels einer kleinen Terrasse eine harmonische Verbindung zu der von Puig i Cadafalch entworfenen Fassade des Nachbarhauses herstellen. Auf dem zylinderförmigen Turm sind die Akronyme von Jesus, Joseph und Maria aus emaillierter Keramik angebracht. Die Vorderansicht schließt mit einem Mansardendach ab, welches das Haus – wie gewöhnlich bei Gaudí – vor plötzlichen Temperatursprüngen bewahrt und eine optimale Belüftung gewährleistet. Der asymmetrische Kamm des Dachs, dessen Oberfläche mit schuppenähnlichen Dachpfannen aus bunt verglaster Keramik

gelb, grün oder blau schillert, erinnert seiner Form nach an den Rücken eines Drachen. Zweifellos stellt diese Fassade einen Höhepunkt in der Gestaltungskunst Gaudís dar. Hier ist es ihm gelungen, sehr unterschiedliche und eingenständige Elemente ausgewogen und wirkungsvoll einzusetzen: Die verwendeten Materialien, die Verbindung zwischen innen und außen, die unregelmäßigen Module und die betont asymmetrischen Formenspiele – all das fügt sich auf verblüffende Weise zur einheitlichen Wirkung eines im Wechsel des Tageslichts vibrierenden Kontinuums.

Der gebauten Fassade gingen viele Entwürfe voraus. Fachleute erinnern daran, dass Gaudí lange an einem Gipsmodell des gesamten Gebäudes gearbeitet hat und dass die Oberflächenwellung erst ganz zum Schluss, nach zahlreichen Versuchen und Abänderungen hinzukam. Auch die auffallend maskenförmigen gusseisernen Balkonbrüstungen wurden zunächst im Gipsmodell 1:1 studiert.

Der Eingang des Gebäudes befindet sich, von der Straße aus gesehen, auf der linken Seite. Im Inneren gelangt man entweder sofort zu der Treppe, die direkt zum Hauptgeschoss mit der herrschaftlichen Wohnung führt, oder durch den Patio zu einem doppelten Aufgang, der den offenen Fahrstuhlschacht umläuft und zu den Mietwohnungen in den oberen Etagen sowie zu den Wohnungen der Bediensteten führt.

Ansicht des letzten Obergeschosses mit zentralem Innenhof, Treppenhaus und Aufzügen
Um das Oberlicht des Glasdachs abzumildern, verkleidete Gaudí die Wände mit tiefblauen Keramikfliesen.

Detail des Treppengeländers

Der Fahrstuhlschacht zwischen den Treppenaufgängen befindet sich im Zentrum des Innenhofs, der durch ein Glasdach auf parabolisch gekrümmten Eisenträgern belichtet wird und an dessen Seiten sich Ventilationsklappen befinden, die die Luft wie in einem Kamin nach oben saugen. Die Wände des Patio sind zwischen den Fenstern mit weißen und blauen Keramikkacheln verkleidet, deren diagonale Anordnung die Oberfläche breiter erscheinen lässt. Ganz oben sind die Kacheln tiefblau, um das Licht zu absorbieren, nach unten werden sie immer heller, bis sie schließlich weiß sind. Die Einfassungen der Fenster wiederum bestehen aus modellierter Keramik in zwei harmonierenden Farbtönen.

Die Wohnung der Familie Batlló im ersten Obergeschoss erreichte man über die Eingangshalle im Erdgeschoss, von der eine Holztreppe in breiten Windungen zu einem zweiten Vestibül führt, das durch zwei Fenster in der Decke belichtet wird. Die seitliche Begrenzung der Treppe unterhalb des Geländers hat die Form eines Rückgrats, während die Gestaltung der Wände und Decken im Treppenhaus einmal mehr auf die Suggestion von Bewegung zielt. Diese sorgt dann auch in der Wohnung Batlló dafür, dass die Flucht unterschiedlich großer Räume als ein fließendes Kontinuum wahrgenommen wird.

Speisesaal der Wohnung Batlló im ersten Obergeschoss mit der nicht mehr vorhandenen Originalausstattung

Rechte Seite:
Detail des Dachaufsatzes in Form eines Drachenrückens und des von einem Kreuz bekrönten, kleinen Turms aus farbiger Keramik

Detail der Fassade

Im Eingangsbereich öffnet sich ein Vorzimmer mit einem Kamin aus dunkler Keramik, der in eine Nische eingelassen ist, zum großen Wohnzimmer, in dem sich hinter einer geschwungenen Holzverkleidung ein Altar verbirgt. Ein großes Holzseparee mit Buntglas lässt sich wie eine Ziehharmonika zurückziehen, um das Wohnzimmer mit dem Nebenraum zu verbinden. Der Speisesaal hingegen öffnet sich auf der Rückseite zu einer sonnendurchfluteten Gartenterrasse, die von Keramikornamenten belebt wird. Die Rückfassade zieren auf allen Geschossen Geländer aus geschwungenem Gusseisen, während sie seitlich und oben von bunten Keramiktäfelchen eingefasst wird.

Das Gebäude diente von 1936 bis 1939 Flüchtlingen des Bürgerkriegs als Unterkunft, bevor es 1940 an eine Versicherungsgesellschaft verkauft wurde, die sogleich eine erste Instandsetzung veranlasste. Es ging in der Folge in Privatbesitz über.

Längsschnitt durch das Gebäude
In der Mitte befindet sich der Patio, auf der Rückseite die Terrasse des Hauptgeschosses.

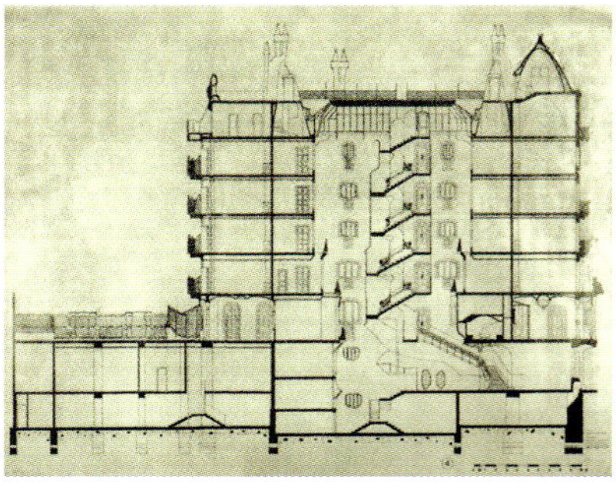

1906–1910 ▸ Casa Milà

Passeig de Gràcia, 92, Barcelona

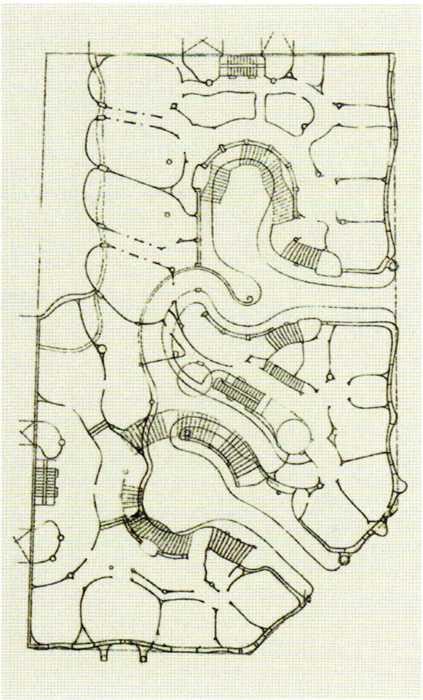

Grundriss des Erdgeschosses mit den beiden Innenhöfen
Um sie herum gruppieren sich die unregelmäßig geformten Räume der vier Wohnungen.

Linke Seite:
Ansicht der Hauptfassade des Eckhauses
Oben das doppelte Wellenprofil mit den herausragenden Schornsteinen und den glockenförmigen Treppenausgängen auf dem Terrassendach.

Im Treppenhaus und in den Wohnungen der Casa Milà gleitet der Blick des Besuchers – ähnlich wie in der Casa Batlló – über gewellte und gewölbte Wände, über Türen und Fensterläden aus gebogenem Holz und buntem Glas, über Messingknäufe, die sich wie ein Wachsabdruck einer geschlossenen Faust anfühlen, über Decken aus modelliertem Gips und über zahlreiche handwerklich hochwertig verarbeitete Einrichtungsgegenstände. Der Besucher fühlt sich dann gleichsam umhüllt von den fließenden Formen eines gigantischen Körpers, der ihn durch die Licht- und Farbenspiele der verwendeten Baumaterialien warm und gastlich in sich aufnimmt. Im Innern der Casa Milà überwiegen Meeresmotive, die das Kontinuierliche und Fließende betonen. Insbesondere die breiten, aus Gips modellierten Wellen an den Decken zeichnen unterschiedliche Formen bewegten Wassers nach: vom Wind aufgerautes, in Spiralen strudelndes oder auf dem Wellenkamm vor dem Ufer schäumendes. Hier und da finden sich auch Tintenfische und Meeresflora eingeritzt, während Meeresschnecken reliefartig hervortreten.

Auftraggeber war das Ehepaar Pere Milà i Camps und Roser Segimon i Artells. Das Grundstück an der Ecke Passeig de Gràcia / Carrer Provença war zuvor mit einem kleinen Chalet bebaut und befand sich an der Grenze zwischen den beiden Gemeinden Barcelona und Gràcia, die 1897 vereint wurden.

Das Bauwerk, das aus sechs Geschossen mit je acht Wohnungen besteht, ist ganz im Sinne der Eigentümer ebenso kostspielig wie komplex und ambitioniert. Gleich nach der Fertigstellung rief das Gebäude polemische, aber auch ironische Reaktionen hervor, wie man damaligen Zeitungsberichten entnehmen kann: Satirische Blätter verglichen es mit einer futuristischen Garage für Luftschiffe.

Der rechteckige Grundriss ist um einen runden und einen ovalen Innenhof organisiert, deren Wände plastisch modelliert und mit teils abstrakten, teils pflanzlichen Motiven auf einem farbigen Hintergrund verziert sind, der sich aus überwiegend roten, blauen und gelben, ineinander übergehenden Flächen zusammensetzt. Die tragende Struktur besteht aus Stützpfeilern aus Vollziegeln und Stein. Da die Zwischenwände keine tragende Funktion haben, kann die Größe der Räume von Etage zu Etage variieren. Im Untergeschoss, in dem Gaudí die Garage anlegen wollte, steht eine massive Stahlstütze, von der strahlenförmig Stahlträger ausgehen, die den darüber liegenden runden Innenhof stützen.

Wie aus den zahlreichen überlieferten Zeichnungen hervorgeht, verwendete der Architekt viel Energie bei der Gestaltung der Fassade und insbesondere der Modellierung des Natursteins. Anfangs schwebte ihm für die Vorderfront eine ähnlich gleichmäßige, traditionelle Aufteilung von Erkern und Balkonen wie bei der Casa Batlló vor. In einem Gipsmodell, das auf der Ausstellung der Société des Beaux-Arts 1910 in Paris vorgestellt wurde, hat die Fassade bereits wesentlich bewegtere, plastischere Formen angenommen. Gaudí ist es gelungen, eine Struktur auszutüfteln, die es ihm erlaubte, die Fassade von ihrer tragenden Funktion zu befreien, sodass sie nur noch sich selbst stützen muss. Die Wellenlinie, die die Fassade abschließt, wird an einigen

Blick in den Innenhof

Stellen von reliefartigen lateinischen Inschriften unterbrochen, die man teilweise sogar von der Straße aus lesen kann.

Das große architektonische Volumen der Fassade, das im Dachgeschoss leicht zurücktritt, erzeugt dank der gewellten Oberfläche den Eindruck einer einheitlichen Masse, obwohl es sich aus Steinblöcken zusammensetzt, die mit Eisenfüßen an einer gewöhnlichen Ziegelmauer verankert sind. Gaudí persönlich überwachte auf der Baustelle die Anbringung und Verankerung der Blöcke, um sicherzustellen, dass die Wellenbewegung an der Oberfläche durchgehend ist. Wegen dieser Steinblöcke, die aus dem Bergmassiv von El Garraf und aus Vilafranca del Penedès stammen, erhielt die Casa Milà den Spitznamen „La Pedrera", was Steinbruch bedeutet.

Das für die großen Balkone verwendete Schmiedeeisen wurde zu abstrakten und pflanzlichen Formen mit gewellten und gewundenen Blättern verarbeitet. Die schmiedeeisernen Arbeiten an der Casa Milà stellen eine Art plastische Collage dar und wurden in der Werkstatt der Brüder Badia in Barcelona unter der Aufsicht Gaudís realisiert. Spektakulär ist das Eisentor des Haupteingangs, ein frei gestaltetes Eisenmaschenwerk, das Platz für kleinere Gläser im unteren und größere im oberen Bereich lässt. Für den angrenzenden Bürgersteig wie den Boden einiger Innenräume entwarf Gaudí sechseckige Keramikfliesen mit Tintenfisch-, Stern- und Schneckenmuster, die von der Firma Escofet ausgeführt wurden. Gaudí kümmerte sich um jedes noch so

Zeitgenössische Karikatur, die die Casa Milà als Garage für Luftschiffe verspottet
In „L'Esquella de la Torratxa", Barcelona, 1912.

Oben rechts und unten:
Schmiedeeiserne Arbeiten der Balkone der Hauptfassade
Die Eisenbänder wurden gebogen, gedreht, durchbohrt, überlagert, um meist abstrakte, manchmal auch animalische, pflanzliche oder menschliche Formen zu suggerieren.

kleine Detail wie etwa die ergonomisch geformten Türdrücker aus Bronze. Die Holzelemente in den Fahrstühlen und den Türfüllungen sind zu plastischen Reliefs verarbeitet.

Beeindruckend ist das begehbare Dach mit seinem horizontalen Wellenprofil, das mit allerlei seltsamen Gebilden bevölkert ist: Treppenausgängen, die mit weißer Trecandís-Keramik verkleidet sind; spiralförmigen Ventilationstürmen, die mit dunkelgrünen Flaschenscherben und liegenden Kreuzen verziert sind; vereinzelten oder zu dritt oder viert gruppierten Kaminen mit kleinen Kuppeln in Form von Soldatenhelmen. Das Ganze entwarf Gaudí mithilfe des Bildhauers Bertran an einem Gipsmodell im Maßstab 1:10. Nachträglich hinzugefügte Kamine wurden bei den Restaurationsarbeiten 1995 wieder entfernt. Die Szenerie des begehbaren Dachs der Casa Milà vermittelt dem Besucher das Gefühl, in einen geheimnisvollen Dialog mit maskierten Figuren, in den fließenden Raum des Imaginären eingeführt zu werden, das einer Traumwelt anzugehören scheint und doch materielle Wirklichkeit ist.

Als Gaudí den Auftrag erhielt, diesen weitläufigen großbürgerlichen Wohnkomplex zu realisieren, plante er, ihn mit religiösen Symbolen auszustatten, die von den Bauherren zunächst akzeptiert, später jedoch abgelehnt wurden, weil sie unberechenbare Reaktionen seitens der erstarkten anarchistischen und antiklerikalen Bewegungen Barcelonas hätten provozieren können.

Ein Salon in der herrschaftlichen Wohnung des Hauptgeschosses mit der heute nicht mehr vorhandenen Originaleinrichtung

Sitzbank der herrschaftlichen Wohnung
Gaudí entwarf die Möbel mit soliden, ergonomischen und modernen Formen 1906–1910.

Ein Kamin und ein Treppenausgang auf dem Dach

Das Gebäude sollte vor allem einer monumentalen Skulptur aus Stein, vergoldetem Metall und Kristall als gigantischer Sockel dienen: Zwei große Engel und eine 25 Meter hohe Rosenkranz-Madonna sollten auf dem Dach zwischen den Kaminen und den voluminösen Treppenausgängen platziert werden. Die drei Figuren hätten sich über der die Fassade abschließenden Wellenlinie, die durch Worte aus dem Ave Maria unterbrochen ist, erhoben und mit ihren Dimensionen die Stadtsilhouette beherrscht. In ihrer heutigen Gestalt ist die Casa Milà unvollendet. Aufgrund starker Meinungsverschiedenheiten mit der Ehefrau von Pere Milà stellte Gaudí seine Arbeit an dem Bauwerk um 1910 ein.

In den darauf folgenden Jahren erfuhr das Gebäude zahlreiche Veränderungen; 1946 wurde es an die Immobilienfirma Provença verkauft, die zwischen 1954 und 1955 den Architekten Barba Corsini beauftragte, 13 Wohnungen im Dachgeschoss einzurichten. 1966 baute der Architekt Gil Nebot das Hauptgeschoss zu Büroräumen für ein ausländisches Unternehmen um. In den Jahren zwischen 1971 und 1975 wurden erste, unter vielen Aspekten fragwürdige Restaurationsarbeiten unter der Leitung des Architekten Josep Antoni Comas vorgenommen. 1986 erwarb die Caixa de Catalunya das Gebäude, um es zu restaurieren und als Kulturzentrum der Öffentlichkeit zugänglich zu machen. Diese letzten, zwischen 1987 und 1996 durchgeführten Arbeiten führten zur Wiederherstellung des Dachgeschosses mit seinen parabelförmigen Bogen-

Dachgeschoss mit Parabelbogen in einer der Wohnungen, die in den 60er Jahren hier eingerichtet wurden
Bei den jüngsten Restaurationsarbeiten 1987–1996 stellte man den ursprünglichen Zustand des Dachgeschosses wieder her.

Linke Seite:
Luftaufnahme des begehbaren Dachs
Deutlich zu erkennen sind der ovale und runde Innenhof, die Treppenausgänge, die Belüftungsschächte und die teils einzeln angeordneten, teils gruppierten Kamine.

sequenzen aus Sichtmauerwerk entlang der verschlungenen Umgänge und um die zylindrischen Treppenaufgänge herum. Diese Bögen wurden nach alter katalanischer Technik aus einzelnen hochkant gesetzten Backsteinen gebaut und am First wiederum durch Scheiben aus einschaligem Mauerwerk verbunden.

Die weltberühmte Casa Milà steht seit 1962 unter Denkmalschutz und wurde 1984 von der UNESCO zum Weltkulturerbe erklärt.

1909 ▸ Schulräume der Sagrada Família

Carrer Sardenya und Carrer Mallorca, Barcelona

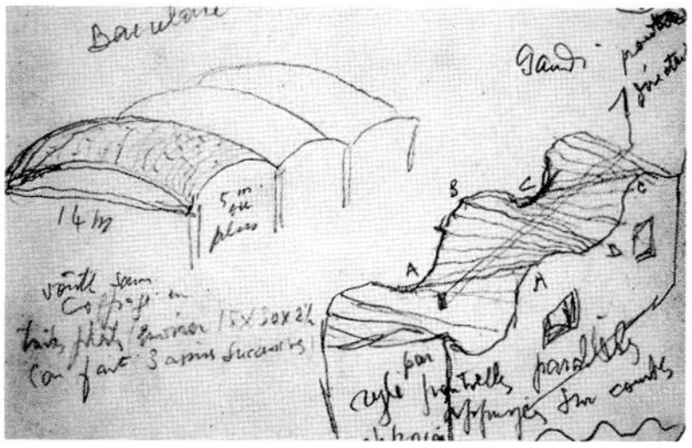

Das gewellte Dach der Escoles, vielleicht auch ihrer nicht mehr vorhandenen Werkstatt, in einer Zeichnung, die Le Corbusier wahrscheinlich während eines Besuchs in Barcelona Ende der 30er Jahre angefertigt hat
In der Zeichnung gibt es auch eine Anmerkung zum katalanischen Gewölbe, auf das er bei einigen bedeutenden Projekten seit den 50er Jahren zurückgegriffen hat.

Dieses kleine Gebäude, das Gaudí als Provisorium betrachtete, wurde 1909 von der Associació Espiritual de Devots de Sant Josep in Auftrag gegeben, die auch heute noch den Bau der Sagrada Família betreibt. Es wurde auf einem freien Grundstück angesiedelt, auf dem später jedoch die Hauptfassade der großen Kirche errichtet werden sollte, die allerdings erst 2002 langsam hochgezogen wurde. Aus diesem Grund wurde der Backsteinbau an der Ecke zwischen Carrer Sardenya und Carrer Mallorca weiter nach außen versetzt. Da sich das Gebäude infolge der im Bürgerkrieg 1936–1939 erlittenen Schäden immer noch in einem schlechten Zustand befand, wurde es in Blöcken abmontiert, sorgfältig wieder zusammengesetzt und restauriert. Bereits in den 40er Jahren stellte Domènech Sugranyes i Gras das Gebäude partiell wieder her und erneuerte insbesondere das Dach, soweit es die spärlichen Mittel zuließen. Aufgrund weiterer Einstürze griff der Architekt Francesc Quintana 1943 erneut ein und ersetzte dabei in Abweichung vom Originalentwurf die ursprünglichen Holzbalken durch Stahlträger und festigte das Innere der Konstruktion durch doppeltes Mauerwerk und eine kleinteiligere Gliederung der Räume.

Gaudí verwendete für die Escoles ausschließlich Vollziegel, die nach katalanischer Bautradition in drei Schichten hochkant übereinander gesetzt wurden. Sowohl die Wände als auch die Abdeckung zeichnen sich durch große Leichtigkeit, Stabilität und Widerstandsfähigkeit aus. Mit dem Entwurf für das Schulgebäude gelang Gaudí eine völlig stimmige Lösung für eine tragende Struktur, die ihre Stabilität der Form der Außenhülle verdankt. Die extrem kompakte, selbsttragende Schale, eine dünne und gleichwohl widerstandsfähige Haut, gewinnt ihre Steifheit aus ihrer Wellenform.

Der Architekt war 57 Jahre alt, als mit dem Bau der Escoles begonnen wurde, arbeitete außerdem an der Casa Milà und am Park Güell und studierte am stereostatischen Modell mit Schüren und Gegengewichten den Entwurf für die Kirche von Santa Coloma de Cervelló. Er befand sich somit auf dem Gipfel seines beruflichen Könnens und war vollauf mit der Erfindung neuer Lösungen für Konstruktionsprobleme beschäftigt.

Das Beiwerk beschränkt sich bei diesem Gebäude auf dreieckige Fenstergiebel aus Backstein, die auch vor Regen schützen. Im Freien grenzte Gaudí durch strohgedeckte Eisenpergolen drei Bereiche für den Unterricht ab. Der Grundriss zeigt ein Rechteck von 10 x 20 Metern, das ursprünglich in drei separate Klassenzimmer geteilt war. Außerdem gab es einen Eingangsbereich und eine Kapelle, während die sanitären Anlagen in einem Anbau untergebracht waren.

Die konstruktionstechnische Einfachheit und Originalität des Baukörpers zog die Aufmerksamkeit vieler zeitgenössischer Architekten auf sich, die auch von seiner geometrischen Reinheit und seiner rigorosen Funktionalität beeindruckt waren. Den Einfluss dieser plastisch modellierten Dachkonstruktion lässt sich bis zu den Werken von Le Corbusier, Eduardo Torroja, Pier Luigi Nervi, Félix Candela und Santiago Calatrava verfolgen. Hervorzuheben ist eine berühmte, eigenhändige Skizze Le Corbusiers, die anlässlich eines Besuchs in Barcelona Ende der 30er Jahre entstanden ist. Allerdings

Linke Seite:
Luftaufnahme eines Teils des ursprünglich provisorischen Schulgebäudes

Klassenraum, 1913

gibt diese wohl eher das Dach der Atelier-Werkstatt Gaudís wieder, die heute nicht mehr existiert, sich damals aber ebenfalls an der Ecke zwischen Carrer Sardenya und Carrer Provença befand.

Dieses Gebäude, wie die Escoles auf der geometrischen Grundlage von Regelflächen und in katalanischer Technik errichtet, hatte Gaudí 1887 begonnen und mit späteren Erweiterungen 1906 beendet. Hier übte er seine Tätigkeit als Bauleiter der Sagrada Família aus, hier entstanden die Entwürfe zu vielen seiner Meisterwerke und hier bewahrte er alle seine Entwürfe und Gipsmodelle auf. Leider wurde das Gebäude während des Bürgerkriegs 1936 durch einen Brand völlig zerstört. Dabei wurden sämtliche Dokumente vernichtet und die Gipsmodelle größtenteils schwer beschädigt. Während die geretteten Objekte sorgfältig restauriert wurden, sind die Ruinen des Gebäudes in jüngster Zeit entfernt worden.

Heute vertritt man den Standpunkt, dass die Escoles trotz ihrer bescheidenen Ausmaße die bestmögliche Restauration verdienen, weil sie ein Zeugnis des Gaudíschen Genies hinsichtlich der Verbindung traditioneller Bauweisen mit neuen und plastisch sehr wirkungsvollen geometrisch-strukturellen Ansätzen darstellen. Diese Synthese von Tradition und Innovation, die für Gaudís gesamtes Werk geltend gemacht werden kann

und auf sehr komplexe Weise in der Krypta der Colònia Güell und in dem Projekt der Sagrada Família verwirklicht wurde, lässt sich hier leichter als anderswo nachvollziehen. Die Escoles können daher als ein Manifest des katalanischen Architekten zur Veranschaulichung seiner innovativen Problemlösungen, aber auch als ein noch aktueller Prototyp organischer Räumlichkeit und modulierter Gestalt betrachtet werden.

Aufnahme des gerade fertig gestellten Schulgebäudes; im Hintergrund die Türme der Apsis der Sagrada Família

Fassade der Schulräume

1883–1926 ▸ Sagrada Família

Plaça de la Sagrada Família, Barcelona

Grundriss der Kirche nach dem endgültigen Entwurf Gaudís, der 1929 veröffentlicht wurde
Das lateinische Kreuz wird an drei Seiten von einem Säulengang begrenzt. Wie bei der gotischen Kathedrale von Chartres sieht der Entwurf drei große Eingangstore vor.

Der Name der Kathedrale – Sagrada Família – verweist darauf, dass die Kirche Jesus Christus und seinen irdischen Eltern, Joseph und Maria, als Urbild der christlichen Familie gewidmet ist. Gaudí nahm 1883 seine Tätigkeit als Chef der Planungsabteilung und Bauleiter auf. Erst allmählich und mit großer Behutsamkeit überarbeitete er den Entwurf seines Vorgängers, des Architekten Francesc de Paula Villar. Er bedauerte allerdings, dass er die Ausrichtung der Anlage wegen des fortgeschrittenen Baus der Krypta nicht mehr verändern konnte; der Grundriss war auf einer Achse entwickelt worden, die diagonal zum rechtwinkligen Straßenverlauf des Ensanche verlief. Zufrieden zeigte er sich hingegen mit dem Standort mitten im neu entstehenden Stadtzentrum von Barcelona, der gleich weit von den benachbarten Flüssen, dem Meer und den Bergen im Hinterland entfernt war.

Da Gaudí der Auffassung war, dass die Kirche der repräsentativste Bau eines Volkes ist, nahm er sich vor, hier die räumliche und figurative Synthese seiner symbolischen Vorstellungswelt zu verwirklichen. Aus diesem Grund gestaltete er die Bauelemente mit Emblemen, Schutzheiligen und Männern seiner Zeit in Gestalt biblischer Figuren, aber auch mit Elementen katalanischer Flora und Fauna. Biblische Episoden und religiöse Schriften dienten ihm dazu, die Figuren in den Darstellungszusammenhang einer plastischen Erzählung einzubinden.

Während er sich im Wesentlichen an die Planvorgaben seines Vorgängers hielt, baute Gaudí die senkrechte Entwicklung der Kirche eigenwillig aus, indem er den Bau mit hohen Türmen bestückte. Er versah den Grundriss in Form eines breiten lateinischen Kreuzes – mit fünf Jochen im Hauptschiff und drei im Querschiff – mit drei Fassaden, über die jeweils vier mächtige Glockentürme mit einer Wendeltreppe im Inneren emporragen.

Der Ostfassade widmete Gaudí der Geburt Christi, die Westfassade der Passion und die Südfassade mit dem Haupteingang der Herrlichkeit. Der plastische Symbolismus der drei Fassaden versteht sich als explizite Inszenierung der Grundwerte christlichen Glaubens. Im Osten zelebrieren Skulpturen und Fenster die Freude der Welt über die Geburt des Gottessohns in der Schilderung seiner Kindheit und Jugend. Im Westen illustrieren die Skulpturen die Stationen des Leidenswegs und des Todes Christi bis zum alles überstrahlenden Ereignis seiner Wiederauferstehung. Die Darstellungen der dem Meer zugewandten Hauptfassade, die bis zum heutigen Tag noch nicht verwirklicht wurde, stehen hingegen ganz im Zeichen der Zuversicht, dass die Menschen der himmlischen Herrlichkeit teilhaftig werden und in den Stand der Erlösung gelangen können.

Dort, wo Hauptschiff und Querschiff sich kreuzen, erhebt sich ein gewaltiges Gewölbe, das von einem mächtigen Turm überragt wird. An dessen Spitze befindet sich in 170 Metern Höhe ein hohes Kreuz. Um den Hauptturm gruppieren sich vier kleinere Türme, die die vier Evangelisten symbolisieren, die sich um Christus scharen; auch von ihrer Spitze aus überstrahlt eine Lichtquelle die Stadt. Der Glockenturm über der Apsis ist der Mutter Gottes gewidmet und mit einer Krone aus 12 Sternen verziert.

Linke Seite:
Die Kathedrale mit der Geburtsfassade im Vordergrund

Ein Beichtstuhl aus Holz

Von den insgesamt 18 vorgesehenen Türmen sind bislang allerdings erst acht errichtet worden.

Die Glockentürme an den drei Fassaden werden von den Attributen der Bischöfe, der Nachfolger der Apostel, bekrönt: Stab, Mitra, Ring und Kreuz. Mit großen Lettern sind die Anrufungen „Sanctus, Sanctus, Sanctus" und „Hosianna in Excelsis" an den Türmen angebracht, um an den Auftrag jedes sakralen Gebäudes zu erinnern, Bild der universellen, himmlischen und irdischen Kirche zu sein. Nach Gaudís Intentionen sollte sich diese innerhalb eines rechteckigen Kreuzgangs entfalten. An jeder Ecke des Kreuzgangs platzierte er Verwaltungsräume und kleinere Gebäude für Sakristeien.

Das Bauwerk basiert auf zwei grundlegenden Prinzipien der Konstruktionslogik und Statik. Zum einen ermöglicht die Parabelkurve der vertikalen Abschnitte die Entwicklung der Innenräume nach oben. Zum anderen müssen die Stützen eine Schrägstellung einnehmen, weil sie Teil der Parabelkurve sind und sich in weitere kleinere Stützen verzweigen. Letztere tragen die Gewölbe der Kirche, deren große Rundfenster den Blick auf den Himmel freigeben. Diese beiden zugleich statischen und formalen Prinzipien hatte Gaudí bereits durch seine Studien am stereostatischen Modell mit Schnüren und Gewichten der Kirche von Santa Coloma de Cervelló ermittelt und umgesetzt. Im Konstruktionssystem der Sagrada Família tritt nun ein neues Moment hinzu: das Verhältnis zwischen der baumförmigen Struktur der Stützen und der Regelflächengeometrie der Gewölbe. Dessen konkrete Ausgestaltung kann man inzwischen an den Bauabschnitten bewundern, die in den letzten Jahrzehnten vollendet werden konnten und sich durch eine erstaunliche Leichtigkeit auszeichnen. Wegen der Komplexität des Gebäudes fertigte Gaudí zahlreiche Modelle in verschiedenen Maßstäben an. Sein Ziel war die „definitive Transfiguration der Gotik", um das Abenteuer der großen europäischen Baumeister des Mittelalters zu Ende zu führen und seine Beschränkungen zu überwinden.

Mittlerweile ist man sich ziemlich sicher, dass Gaudí einige seiner Einfälle und Gestaltungsideen für die Sagrada Família bereits im Rahmen eines Projekts für Güells Schwager, den Marqués de Comillas, vorweggenommen hatte. Dieser hatte den Franziskanern einen Stützpunkt für ihre missionarischen Aktivitäten bieten wollen und Gaudí gebeten, ein großartiges Projekt für das nordafrikanische Tanger zu entwerfen. In den ersten Skizzen des Bauwerks, das nie realisiert wurde, zeichnete Gaudí 1892–1893 einen regelrechten Wald von Glockentürmen, ähnlich denen, die an der Kirche in Barcelona aufragen. Bei der Sagrada Família hielt sich Gaudí durchweg an die reiche Symbolik des mittelalterlichen Katholizismus, die aufgrund der illustrierenden Absicht allegorisierende Züge annimmt. Außerdem dürften ihm die Vorbilder der mächtigen Kathedralen von Tarragona, Barcelona, Palma de Mallorca und überhaupt aller Sakralbauten auf der Iberischen Halbinsel präsent gewesen sein, die mit ihren gewaltigen Dimensionen und ihrem Formenreichtum zur europäischen Gotik beigetragen haben.

Und schließlich kommt hinzu, dass Gaudí über sehr gute Kenntnisse der Symbole und Rituale der katholischen Liturgie verfügte. Beinahe täglich studierte er das zweibändige Werk „L'Année liturgique" des Benediktinermönchs Dom Guéranger. So waren ihm die Bedeutung der liturgischen Ausstattung und der Farben der zu verschiedenen Zeiten und Anlässen getragenen Gewänder und Schmuckstücke ebenso vertraut wie der Ablauf der Messe und die Sakramente. Neben dem religiösen Kontext seiner Arbeit, den er mit zunehmendem Alter auch durch persönlichen Glauben vertiefte, blieb aber auch die Natur eine wichtige Inspirationsquelle.

Gesamtansicht der Kathedrale, auf einer 1906 veröffentlichten Zeichnung von Joan Rubió i Bellver basierend

Blick in eines der Seitenschiffe, die kürzlich unter der Leitung von Jordi Bonet i Armengol vollendet wurden

Da ein Großprojekt wie die Sagrada Família nur über einen längeren Zeitraum vollendet werden kann, beschloss der Architekt in seinen letzten Lebensjahren, das Bauwerk nicht länger auf horizontaler Ebene weiter zu errichten, sondern die Fassade der Geburt fertig zu stellen. Auf diese Weise konnte er in den letzten Monaten seines Lebens den ersten Glockenturm in seiner ganzen Größe ohne Gerüste betrachten und seinen Nachfolgern ein genaueres Bild seiner Intentionen hinterlassen.

In den Jahren nach 1906 sah sich Gaudí aufgrund mangelnder Sponsorengelder mehr oder weniger gezwungen, sich auf die geometrische Errechnung der architektonischen Formen zu konzentrieren, zunächst anhand von Entwürfen und Modellen, von 1914 an auch am Objekt selbst. Er zog sich von allen anderen Aktivitäten zurück und konzentrierte sich ganz auf seine Arbeit auf der Baustelle der Sagrada Família.

Nach seinem Tod am 10. Juni 1926 übernahm der Architekt und langjährige Mitarbeiter Domènech Sugranyes i Gras die Leitung der Baustelle. Er vollendete bis 1930

Modell des Hauptschiffs

Detail der noch unter Gaudís Leitung vollendeten Geburtsfassade
Die Skulpturen stellen Szenen der Geburt Christi und seiner Kindheit (unten) sowie die Verkündigung dar (oben).

die Bekrönung der Glockentürme und viele Skulpturen, darunter die große Zypresse mit den Alabastertauben an der Geburtsfassade.

Mit Sugranyes starb 1938 der letzte Zeitzeuge, der Gaudís Vorhaben aus erster Hand und im Kontext seiner Werkstattarbeiten kannte. Die Baustelle wurde nun Francesc Quintana anvertraut, der zunächst die Krypta wieder aufbaute und die Restauration der Gipsmodelle einleitete, schließlich eine Wand mit einem großen neogotischen Fenster im Ostarm des Querschiffs hochzog.

Erst 1954 beschloss die Junta Constructora del Temple, mit dem Bau der Passionsfassade zu beginnen. Es wurden Spendensammlungen für die Fortsetzung der Arbeiten organisiert, die zunächst Francesc Quintana, später Isidre Puig i Boada und schließlich Lluís Bonet i Garí leiteten. 1976 war die gesamte Fassade einschließlich der vier Glockentürme vollendet. 1981 übergaben die mittlerweile hochbetagten Bauleiter Puig i Boada und Bonet i Garí – Quintana war schon 1967 gestorben – die Verantwortung für die Bauarbeiten Francesc Cardoner i Blanch.

Die Baustelle der Sagrada Família im Jahr 1915, als die Umgebung noch nicht urbanisiert war

Inzwischen liegt die Leitung der Entwurfsabteilung ebenso wie der Baustelle selbst in den Händen von Jordi Bonet i Armengol. Er konzentrierte sich darauf, die Fundamente der Kirche zu verstärken, die Trennmauern der Kirchenschiffe sowie die sich verzweigenden Stützen zu errichten. Mit Stahlbeton und steinernen Aufbauten, welche die Formen von Gaudís Entwurf bewahren, gelang es ihm, bis zum Jahr 2000 die Stützpfeiler und Gewölbe der Seitenschiffe an der Längsachse fertig zu stellen, nachdem er den Untergrund mit dichtem Pfahlwerk stabilisiert hatte. 1995 begann Bonet mit den Vorbereitungen für den Bau des Mittelschiffs, das er mit eigens ausgebildeten Handwerkern nach katalanischer Technik, also mit hochkant übereinander gesetzten Ziegelsteinen zu errichten gedenkt.

1986 übernahm der Bildhauer Josep Maria Subirachs die Aufgabe, den Figurenzyklus der Passionsfassade zu gestalten, für den er seitdem rund 100 Skulpturen geschaffen hat.

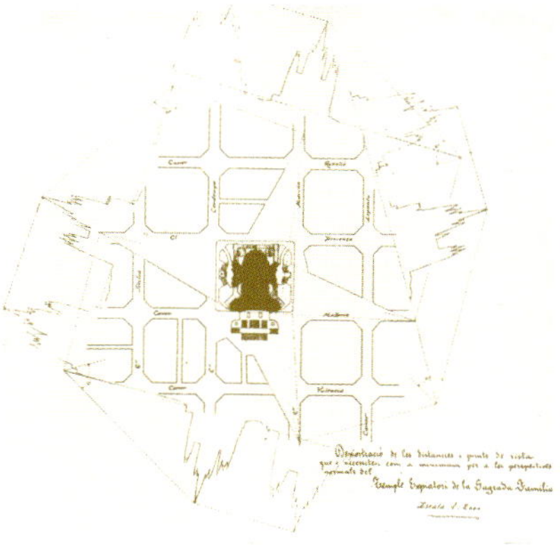

Grundriss des sternförmigen Platzes in einer Zeichnung Gaudís vom November 1916, der den Mindestabstand für eine gute Sicht auf die Kirche illustriert

Rechte Seite:
Die Rückseite der Geburtsfassade

HOSANNA
EXCELSIS
HOSANNA
EXCELSIS

Leben und Werk

Gaudí (Zigarre rauchend) mit seinem Vater Francesc, dem Freund Pere Santaló und seiner Nichte während eines Sommerausflugs 1897 in Montserrat

Linke Seite:
Gaudí im Alter von 36 Jahren
Das Foto stammt aus seinem Teilnehmerausweis für die Weltausstellung 1888 in Barcelona.

1852 ▸ Antoni Gaudí wird als Sohn von Francesc Gaudí i Serra, Kesselschmied von Riudoms, und Antonia Cornet i Bertran am 25. Juni in Reus geboren. Schon als Kind hilft er in der väterlichen Werkstatt. Außerdem verbringt er viel Zeit auf dem Land, um seine Gelenkschmerzen zu heilen und wird so zu einem genauen Beobachter der Natur. In Reus absolviert er das Gymnasium.

1869 ▸ Mit seinem Bruder Francesc geht er nach Barcelona, wo Francesc Medizin studiert und er sich für die Aufnahme an der Architekturfakultät vorbereitet. Der Vater verkauft Teile des Besitzes in Reus, um den Söhnen das Studium zu ermöglichen, und zieht zu ihnen nach Barcelona.

1873 ▸ Er beginnt mit dem Studium der Architektur an der Escola Provincial d'Arquitectura, die ab 1875 in die Architekturschule der Universität von Barcelona umgewandelt wird.

1875 ▸ Er absolviert seinen Militärdienst.

1876–1878 ▸ Um sein Studium bezahlen zu können, arbeitet Gaudí als Zeichner bei Josep Fontseré, dem Bauleiter des ersten öffentlichen Stadtparks Barcelonas, bei dem Architekten Francesc de Paula Villar i Lozano, in der Maschinenfabrik Padrós i Borràs sowie für den Gemeindearchitekten Leandre Serrallach i Mas.
1876 sterben der Bruder und die Mutter.

1878 ▸ Am 15. März erhält er sein Architekturdiplom. In der Werkstatt des Handwerkers Eudald Puntí baut er seinen eigenen Zeichentisch. Für den Textilhändler Esteve Comella entwirft er eine Vitrine für die Pariser Weltausstellung. Diese fällt dem Grafen Eusebi Güell i Bacigalupi auf, der ihm nun kleine Aufträge verschafft. Zu seinen ersten nennenswerten Arbeiten gehören: Straßenleuchten, ein gusseiserner Kiosk sowie Arbeiterwohnungen und Arbeitsräume für die Cooperativa La Obrera Mataronense. Von Letzteren ist eine Lagerhalle erhalten.
Durch die Zugehörigkeit zu Gruppen wie der katalanischen Vereinigung für wissenschaftliche Exkursionen und später des Centre Excursionista de Catalunya besichtigt er wichtige Orte der katalanischen Geschichte.
Als seine Schwester Rosa stirbt, hinterlässt sie ihre Tochter Rosita, die von nun an bei Gaudí und seinem Vater lebt.

1880–1882 ▸ Er entwirft einen Altar für ein Ordenshaus in Tarragona und einen gusseisernen Kiosk für das Städtchen Comillas. Im Februar 1881 veröffentlicht er einen Artikel in der Zeitschrift „La Reinaxensa", in dem er sich kritisch mit der Ausstellung industrieller Künste, die in Barcelona stattfindet, befasst.

1882 ▸ Er arbeitet im Atelier seines ehemaligen Professors Joan Martorell i Montells.
Für Eusebi Güell entwirft er einen Jagdpavillon in El Garraf am Mittelmeer, der nie gebaut wurde.

1883 ▸ Es beginnen die Arbeiten an der Casa Vicens, die 1888 abgeschlossen

werden. Mit der Villa El Capricho in Comillas wird ebenfalls begonnen. Cristóbal Cascante übernimmt die Bauleitung.
Am 3. November wird Gaudí auf Vorschlag von Joan Martorell zum Chefarchitekten der Sagrada Família ernannt. Er löst damit Francesc de Paula Villar ab, der ein Jahr zuvor mit den Arbeiten begonnen hatte.
Im selben Jahr beginnen auch die Arbeiten für die Finca Güell in Barcelona, die 1887 enden.

1885 ▸ Gaudí entwirft einen Altar für Josep Maria Bocabellas private Kapelle. Der Veleger und Buchhändler ist einer der Begründer der Associació Espiritual de Devots de Sant Josep für den Bau der Sagrada Família. Im März legt er den ersten Grundriss der Kirche vor.

1886 ▸ Beginn der Arbeiten am Palau Güell in Barcelona, die 1890 vollendet wird.

1887 ▸ Auf dem Gelände der Sagrada Família baut Gaudí ein Haus für seine Werkstatt.
Mit dem Architekten Domènech i Montaner studiert er die Komposition der traditionellen Keramiken.

1888 ▸ Mitarbeit an den Pavillons der Weltausstellung in Barcelona. Während Gaudí in der Abteilung Seefahrt den Stand der Compañia Transatlántica errichtet, stellt er in der Sektion Architektur seine eigenen Entwürfe aus. Der Bürgermeister erteilt ihm den Auftrag, den Saló de Cent des Rathauses umzugestalten.

1889 ▸ Der Priester Enric d'Ossó i Cervelló, Gründer der Kongregation der heiligen Theresa von Avila, beauftragt Gaudí mit der Weiterführung des Col·legi de les Teresianes in Barcelona, das sich bereits im Bau befindet.

1889–1893 ▸ Bau des Bischofspalasts von Astorga. Nach dem Tod des befreundeten Bischofs Joan Baptista Grau i Vallespinós legt Gaudí seine Arbeit am Bischofspalast nieder.

1891–1894 ▸ Die Casa Fernández y Andrés wird in León errichtet.

1892 ▸ Gaudí reist mit dem Marqués de Comillas nach Málaga und Tanger, um das Gelände zu sondieren, auf dem der Marquès eine Franziskanermission errichten lassen möchte.

1893 ▸ Die Krypta und der Mauerring der Apsis der Sagrada Família werden fertig gestellt. Ein strenges Bußfasten bringt Gaudí in Lebensgefahr.

1895 ▸ Er entwirft die nie realisierte Friedhofskapelle der Familie Güell in Montserrat. Die Bodegas Güell in El Garraf werden Gaudís Freund, dem Architekten Francesc Berenguer i Mestres, zugeschrieben. Die Pläne wurden allerdings von Gaudí signiert, sodass man von einer Zusammenarbeit ausgeht.

1898–1900 ▸ In Barcelona entsteht die Casa Calvet, die von der Stadtverwaltung mit dem ersten Preis für das beste Gebäude des Jahres ausgezeichnet wird.
Gaudí legt erste Entwürfe für die Kirche der Colònia Güell vor, einer Arbeitersiedlung in Santa Coloma de Cervelló bei Barcelona.

1899 ▸ Er wird Mitglied des Cercle Artístic de Sant Lluc und der Spirituellen Gemeinschaft der Jungfrau von Montserrat.

1900 ▸ Bau des ersten Mysteriums der Herrlichkeit samt Skulpturen, das Teil eines nie realisierten Episodenzyklus in einer Grotte des Massivs von Montserrat werden sollten.
Baubeginn der Gartenstadt, heute Park Güell, die im Auftrag des Grafen Güell am Hang der Muntanya Pelada an der Peripherie von Barcelona entsteht.
1914 werden die Arbeiten abgebrochen.

1900–1905 ▸ Die Villa Bellesguard wird in Barcelona errichtet.

1902 ▸ Bau des Eingangstors der Finca Miralles in Barcelona.

1903 ▸ Beginn der Umstrukturierung der Kathedrale von Palma de Mallorca im Auftrag von Bischof Pere Campins i Barceló. Die Arbeiten, die Gaudí nur selten beaufsichtigt, werden 1914 unterbrochen.

1904 ▸ Errichtung und Ausstattung des ersten Kinos von Barcelona, der Sala Mercè, die später zerstört und 2002 in kleineren Ausmaßen wieder aufgebaut wird. Gaudí beginnt mit dem Umbau der Casa Batlló, der 1906 abgeschlossen wird.

1906 ▸ Gaudí erwirbt das Musterhaus im Park Güell und zieht dort mit seinem Vater und seiner Nichte Rosita ein. Josep Maria Jujol wird sein Mitarbeiter.

1906–1910 ▸ In Barcelona entsteht die Casa Milà, auch „La Pedrera" genannt. Gaudí legt in La Pobla de Lillet Jardins Artigas an.

1907 ▸ Beginn der Arbeiten an der Krypta der Colònia Güell.
Dem Bildhauer Joan Matamala zufolge erhält Gaudí den Auftrag, ein Hochhaus in Manhattan, New York, zu entwerfen.

1909 ▸ Bau der Schulräume der Sagrada Família.

1910 ▸ Aus gesundheitlichen Gründen verbringt Gaudí den Frühling bei Freunden in Vic. Anlässlich des 100. Geburtstags des Philosophen Jaime Balmes entwirft er zwei Laternen aus Basalt und Gusseisen für die Plaça Mayor in Vic. In Paris findet eine Ausstellung der Société des Beaux-Arts statt, bei der zahlreiche Arbeiten Gaudís vorgestellt werden. Gaudí erscheint nicht persönlich.

1911 ▸ Die Pariser Ausstellung wird auf der nationalen Architekturschau in Madrid gezeigt.
Vom Malta-Fieber heimgesucht, zieht Gaudí sich mit einem befreundeten Arzt nach Puigcerdà zurück, wo er sein Testament aufsetzt.

1914 ▸ Er beendet die Bauleitung an allen laufenden Projekten, um sich ausschließlich der Sagrada Família zu widmen.

1922 ▸ Aus Chile kommt die Anfrage für den Entwurf einer Kirche in Rancagua. Der von Gaudí vorgeschlagene Entwurf einer Marienkapelle in der Sagrada Família wird abgelehnt.

1924 ▸ Auf dem Weg zu einer Messe in Gedenken an die 1714 bei der Verteidigung Barcelonas gefallenen Katalanen wird Gaudí festgenommen.

1925 ▸ Er verlegt seinen Wohnsitz auf die Baustelle der Sagrada Família.

1926 ▸ Gaudí wird von einer Straßenbahn überfahren und stirbt infolge seiner Verletzungen am 10. Juni in einem Krankenhaus in Barcelona.

Gaudí vor der Fahne des Cercle Artístic de Sant Lluc während der Fronleichnamsprozession am 11. Juni 1924 in Barcelona

Spanien

Astorga:
Palacio Episcopal

León:
Casa Fernández y Andrés

Comillas:
El Capricho

Santa Coloma de Cervelló:
Cripta de la Colònia Güell

Palma de Mallorca:
Catedral de Mallorca

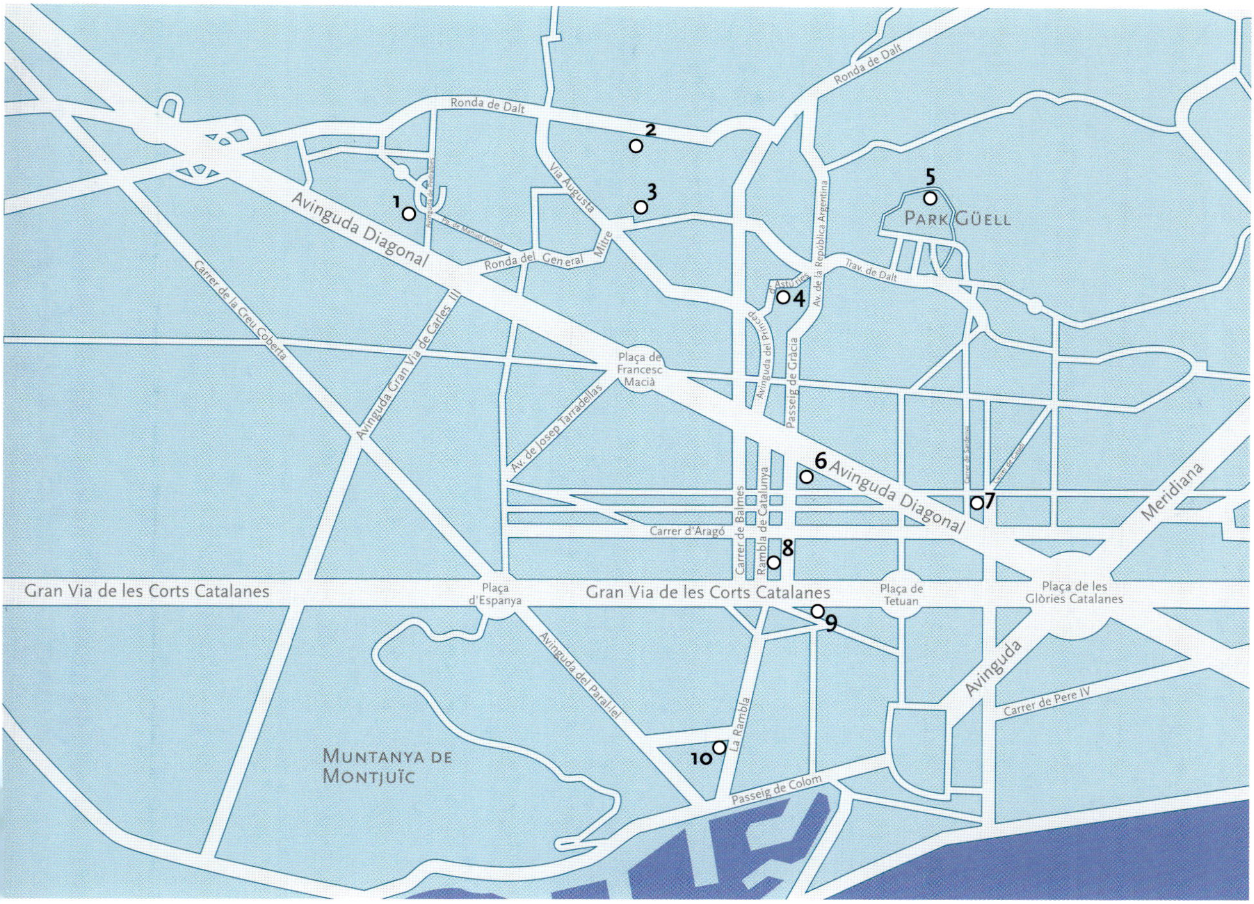

Barcelona

1. Avinguda de Pedralbes, 7
Finca Güell

2. Carrer Bellesguard, 16
Villa Bellesguard

3. Carrer Granduxer, 85
Col·legi de les Teresianes

4. Carrer de Les Carolines, 18–24
Casa Vicens

5. Carrer Olot
Park Güell

6. Passeig de Gràcia, 92
Casa Milà

7. Plaça de la Sagrada Família
Sagrada Família / Schulräume

8. Passeig de Gràcia, 43
Casa Batlló

9. Carrer Casp, 48
Casa Calvet

10. Carrer Nou de la Rambla, 3–5
Palau Güell

Literatur

- Antoni Gaudí (1852–1926), Ausstellungskatalog, Museum Villa Stuck, München 1986, Fundació Caixa de Pensions, Barcelona 1986.
- Bassegoda Nonell, Joan und Collins, George R.: The Designs and Drawings of Antonio Gaudí, New Jersey 1983.
- Bergós i Massó, Joan (Text) und Llimargas, Marc (Fotografie): Gaudí. Der Künstler und sein Werk, Ostfildern 2000.
- Bonet, Jordi: L'últim Gaudí, Barcelona 2000.
- Crippa, Maria Antonietta (Text) und Llimargas Casas, Marc (Fotografie): Gaudí. Interieurs, Möbel, Gartenkunst, Ostfildern 2001.
- Crippa, Maria Antonietta und Bassegoda Nonell, Joan (Hrsg.): Gaudí. Spazio e segni del sacro, Mailand 2002.
- Flores, Carlos: Gaudí, Jujol y el modernismo catalán, 2 Bde., Aguilar, Madrid 1982.
- Giralt-Miracle, Daniel (Hrsg.): Gaudí 2002. Miscelànea, Barcelona 2002.
- Giralt-Miracle, Daniel (Hrsg.): Gaudí. La búsqueda de la forma. Espacio, geometría, estructura y construcción, Barcelona 2002.
- Güell, Xavier: Antoni Gaudí, Zürich und München 1987.
- Montaner, Josep Maria: Barcelona. Stadt und Architektur, Köln 1997.
- Paris – Barcelona. De Gaudí à Mirò, Ausstellungskatalog, Galeries Nationales du Grand Palais, Paris, 3.10.2001–14.01.2002, Réunions des Musées Nationaux, Paris 2001.
- Permanyer, Lluís (Text), Levick, Melba (Fotografie): Gaudí of Barcelona, New York 1998.
- Van Zandt, Eleanor: The life and works of Antoni Gaudí. Parragon Book Service Limited, Bristol 1995.
- Zerbst, Rainer: Antoni Gaudí, Taschen, Köln 2002.

Bildnachweis

- Arxiu Municipal Administratiu, Barcelona: 40 re
- © F. Català-Roca, Barcelona: 11, 33, 35, 36, 38, 42, 46 u., 50, 69, 77, 82
- Arxiu Dr. Comas, Barcelona: 88 o.
- George R. Collins und Juan Bassegoda Nonell, The Designs and Drawings of Antonio Gaudí, New Jersey, 1983: 54
- Firo Foto, Barcelona: 14, 76
- Carlos Flores, Gaudí, Jujol, y el modernismo catalan, Madrid, 1982: 81 u.
- © Fondation Le Corbusier, Paris: 79
- Peter Gössel, Bremen: 48, 60 li., 66 u.
- © Reto Guntli, Zürich: 12, 16, 22 re., 52, 57 o. und re., 60 re., 61, 86 o., 89
- Institut Amatller D'Art Hispanic, Barcelona: 6, 9, 23 o. und u., 26 re., 28, 29, 32 u., 56 li. und re., 62, 63 re., 64, 67, 74 o., 80, 85, 93
- Junta Constructora del Temple Expiatori de la Sagrada Família, Barcelona: 2, 7, 8, 10, 13, 44 o., 45, 55, 71, 78, 81 o., 83, 84, 86 u., 87, 88 u., 90
- Melba Levick: 18, 22 li. und mi., 27, 30, 32 o., 41, 46 o., 51, 59, 70, 72
- Nicole Kuhlmann, Bremen: 15 o., 21, 25, 31, 35, 37, 39, 43, 49, 65
- Prima Propaganda, Bremen: 94, 95
- Reial Càtedra Gaudí, Barcelona: 4, 19 o., 44 u., 47 u., 63 li., 73 o. li., 91
- René Roland, Verrue: 15 u. li. und u. re., 20, 26 li., 34, 40 li., 47 o., 74 u.
- Jordi Sarrà, Barcelona: 58 u., 66 o., 68 o., 73 o. re. und u.
- Swantje Schmidt, Bremen: 19 u., 58 o., 75
- Hiroya Tanaka: 17
- The Interior Archive, Foto: Fritz von der Schulenburg: 24
- Rainer Zerbst, Antoni Gaudí, Köln, 1993: 68 u.